중국어, 이젠 즐기세요! 맛있는 books
www.booksJRC.com

고득점 합격을 향한 가장 빠르고 정확한 길!

맛있는 books HSK 시리즈

★

시작에서 합격까지 4주 완성

맛있는 중국어 HSK 시리즈

| 맛있는 중국어 HSK 1·2급 | 맛있는 중국어 HSK 3급 | 맛있는 중국어 HSK 4급 | 맛있는 중국어 HSK 5급 | 맛있는 중국어 HSK 6급 |

★

실전 HSK 막판 뒤집기!

맛있는 중국어 HSK 1000제 시리즈

| 맛있는 중국어 HSK 1·2급 400제 | 맛있는 중국어 HSK 3급 400제 | 맛있는 중국어 HSK 4급 1000제 | 맛있는 중국어 HSK 5급 1000제 | 맛있는 중국어 HSK 6급 1000제 |

★

최신 출제 경향 반영
합격 전략 D-5, 합격 보카 수록

전공략 新HSK 원패스 합격모의고사

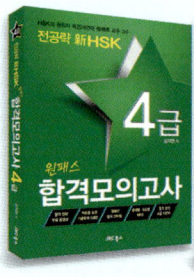  

| 전공략 新HSK 원패스 합격모의고사 4급 | 전공략 新HSK 원패스 합격모의고사 5급 | 전공략 新HSK 원패스 합격모의고사 6급 |

★

HSK 단어 단기 완성 프로젝트

맛있는 중국어 HSK 단어장 시리즈

| 맛있는 중국어 HSK 1-4급 단어장 | 맛있는 중국어 HSK 1-3급 단어장 | 맛있는 중국어 HSK 4급 단어장 | 맛있는 중국어 HSK 5급 단어장 출간 예정! | 맛있는 중국어 HSK 6급 단어장 출간 예정! |

초판 1쇄 발행	2013년 6월 14일
초판 7쇄 발행	2019년 9월 30일

기획	JRC 중국어연구소
저자	한민이
발행인	김효정
발행처	맛있는books
등록번호	제2006-000273호
편집	최정임 l 조해천
디자인	이솔잎
제작	박선희
영업	김영한 l 강민호 l 장탐이나
마케팅	이지연
삽화	멍은하
녹음	한국어 이영아
	중국어 于海峰 l 曹红梅 l 萧悦宁
주소	서울 강남구 테헤란로 109, 3층
전화	구입 문의 02.567.3861 l 02.567.3837
	내용 문의 02.567.3860
팩스	02.567.2471
홈페이지	www.booksJRC.com
ISBN	978-89-98444-07-5 14720
	978-89-98444-05-1 (세트)
정가	14,500원(MP3 파일 무료 다운로드 포함)

Copyright©2013 맛있는books

저자와 출판사의 허락 없이 이 책의 일부 또는 전부를 무단 복사·복제·전재·발췌할 수 없습니다.
잘못된 책은 구입처에서 바꿔 드립니다.

머리글

　21세기에 들어서면서 세계 경제의 흐름은 누가 뭐라고 해도 중국을 빼놓고는 말할 수 없게 되었지요. 얼마 전까지만 해도 경제 대국의 왕좌를 내놓을 것 같지 않던 미국이 휘청하면서, 2017년에는 중국이 세계 경제 최강국이 될 거라는 예측까지 나오고 있는 추세이니, 중국의 위력에 다시 한 번 놀라게 됩니다.

　1992년 한중 수교 이후 20여 년 동안, 한중 관계는 꾸준히 발전해 왔고, 중국은 이제 명실 공히 한국 제1의 무역·투자·관광 대상국이 되어, 우리와 갈수록 더 밀접한 관계를 유지하고 있지요. 상황이 이렇다 보니 대중국 사업에 종사하는 분들에게 있어 '중국어'는 더 이상 '제2외국어'가 아닌 꼭 필요한 '무기'로 여겨지고 있는 게 사실입니다.

　하지만, 안타깝게도 여전히 많은 분들이 중국어는 어려울 거라는 선입견에 사로잡혀 '중국어 학습'에 선뜻 도전하지 못하고, 특히 비즈니스 중국어라면 머리부터 절레절레 흔드시기도 하는데요. 물론 장소를 협상 테이블로 옮긴다면 약간의 전문 용어가 필요하겠지만, 일반적인 직장 생활에서라면 간단한 기초 회화 단어로도 충분히 대화를 할 수 있지요.

　다만 중국인들과 업무 협조할 때나 협상 등을 진행할 때는 양국 간의 국민성이나 문화 차이로 인해 오해가 생길 수 있는 부분이 있으니 평소에 중국인의 사고방식이나 중국의 문화, 역사에 대해 공부해 두시면 도움이 많이 됩니다.

　이 책은 필자가 중국 비즈니스를 하면서 얻은 실전 경험을 바탕으로, 1. 일상에서 업무 협상까지 현실적이고 공감할 수 있는 상황 설정 2. 쉽고 간단한 용어 사용 3. 각 과별 실전 비즈니스에 꼭 필요한 단어, 표현, 문화 지식 등의 자료를 제공하여 학습자들이 필요할 때 적절히 응용할 수 있도록 구성되어 있습니다. 그러니 이젠 비즈니스 중국어에 대한 두려움은 버리시고 친구를 만나듯 편하게 손을 내밀어 보세요.

　JRC북스와 필자가 정성을 다해 독자 여러분의 마음으로 지은 『맛있는 비즈니스 중국어』 시리즈가 여러분의 대중국 비즈니스 업무에 '자신감'과 '작은 힘'을 실어 드릴 수 있었으면 좋겠습니다.

　끝으로 너무나 재미난 작업을 할 수 있는 기회를 주신 JRC북스 김효정 원장님과 편집의 여왕 최정임 과장님께 진심으로 감사드립니다.

한민이

차례

머리글	3
학습 내용	6
이 책의 구성	10
일러두기	12

소개·안부

01과 我们的产品在国内生产。 저희 제품은 국내에서 생산합니다. … 13
了의 용법

02과 你最近过得怎么样? 요즘 어떻게 지내세요? … 23
정도보어(程度补语)

통신 수단

03과 张总的手机号码是多少? 장 사장님의 휴대 전화 번호는 몇 번인가요? … 33
결과보어(结果补语)

04과 我给你发短信吧。 제가 문자 메시지를 보낼게요. … 43
가능보어(可能补语)

05과 他正在开会。 그는 회의 중입니다. … 53
진행문 | 겸어문(兼语句)

사교

06과 我比你小两岁。 제가 당신보다 두 살 어려요. … 63
의문부사 多로 묻는 의문문 | 比를 쓰는 비교문 | 수량보어(数量补语)

07과 我去过三次中国。 저는 중국에 세 번 가 봤어요. … 73
동태조사 过

교통

08과 我是坐公共汽车来上班的。 저는 시내버스를 타고 출근해요. … 83
是……的 강조 용법 | 동태조사 着 | 시간보어(时间补语)

09과 一直往前走很快就到。 계속 앞으로 가시면 바로 도착해요. … 93
전치사 往 | 시간보어를 쓰는 문장의 의문문 | 得의 여러 가지 용법

4 • 맛있는 비즈니스 중국어 Level ❷

회의

10과 开会时间改了。 회의 시간이 바뀌었어요. 103
방향보어(趋向补语)

11과 我把资料放在会议室了。 제가 자료를 회의실에 두었어요. 113
把자문

일상 업무

12과 电脑被病毒感染了。 컴퓨터가 바이러스에 감염됐어요. 123
형용사의 중첩 | 被자문

13과 您又升职了? 또 승진하셨어요? 133
동사 听说 | 2음절 동사의 중첩 | 只要……就……

14과 我们得跟老总商量商量。 저희는 사장님과 상의해 봐야 해요. 143
자주 쓰이는 가능보어 | 越来越

주식·은행

15과 先看看情况再说吧。 우선 상황을 지켜본 후에 다시 얘기해요. 153
조사 地 | 접속사 却 | 동사 再说

16과 我想换人民币。 인민폐로 환전하려고요. 163
先……, 然后(再)…… | 부사 必须 | 부사 再와 又

중국 문화

17과 我们吃长寿面。 우리는 장수면을 먹어요. 173
임박태 용법

18과 我给你做伴郎吧。 제가 신랑 들러리를 설게요. 183
형용사 一般 | 대명사 人家 | 동태조사 着(2)

부록
정답 및 해석 194
찾아보기 209

Level ❷ 일상 업무

주제		단원명	핵심 회화	핵심 구문	어법 포인트
소개·안부	1과	我们的产品在国内生产。 저희 제품은 국내에서 생산합니다.	• 신입 사원 소개하기 • 회사 소개하기 • 제품에 대해 묻기	• 这位是新来的设计师。 • 贵公司是国企还是私企? • 你们的新产品已经上市了吗?	了의 용법 **표현** 소개
	2과	你最近过得怎么样? 요즘 어떻게 지내세요?	• 업체 직원에 대해 물을 때 • 길에서 지인을 만날 때 • 다른 회사에서 지인을 만날 때	• 他人很好,工作能力也非常强。 • 你最近过得怎么样? • 我对这个公司很满意。	정도보어(程度补语) **문화** 중국 직원과의 공생
통신수단	3과	张总的手机号码是多少? 장 사장님의 휴대 전화 번호는 몇 번인가요?	• 전화번호 묻기 • 담당자 찾기 • 전화를 잘못 걸었을 때	• 张总的手机号码是多少? • 喂! 金代理在吗? • 先生,您打错了。	결과보어(结果补语) **단어** 전화
	4과	我给你发短信吧。 제가 문자 메시지를 보낼게요.	• 이메일 주소 묻기 • 팩스 번호 묻기 • 이메일 요청하기	• 你能不能告诉我你的邮件地址? • 我回公司后再告诉你吧。 • 今天下午能写得完。	가능보어(可能补语) **표현** 직장 생활 10계명
	5과	他正在开会。 그는 회의 중입니다.	• 내선으로 돌릴 때 • 부재 중 메시지를 남길 때 • 메시지 내용을 전달할 때	• 请转307分机。 • 他正在开会,现在不能接电话。 • 知道了,我马上给她回电话。	진행문 | 겸어문(兼语句) **표현** 전화 예절
사교	6과	我比你小两岁。 제가 당신보다 두 살 어려요.	• 나이 묻기 • 띠 묻기 • 신변잡기 묻기	• 你今年多大了? • 我们俩都属鼠。 • 我喜欢又漂亮又贤惠的。	의문부사 多로 묻는 의문문 | 比를 쓰는 비교문 | 수량보어(数量补语) **문화** 인맥 만들기
	7과	我去过三次中国。 저는 중국에 세 번 가 봤어요.	• 여행 경험을 물을 때 • 요리에 대해 이야기할 때 • 숫자에 대해 이야기할 때	• 我去过三次中国。 • 我觉得川菜最好吃。 • 这个跟我们不一样。	동태조사 过 **단어** 중국의 행정 구역
교통	8과	我是坐公共汽车来上班的。 저는 시내버스를 타고 출근해요.	• 출퇴근 교통수단을 물을 때 • 차가 막힐 때 • 출퇴근 소요 시간을 물을 때	• 我是坐公共汽车来上班的。 • 你们先吃吧,我马上到。 • 我走十分钟就能到公司。	是……的 강조 용법 | 동태조사 着(1) | 시간보어(时间补语) **단어** 교통수단
	9과	一直往前走很快就到。 계속 앞으로 가시면 바로 도착해요.	• 길 묻기 • 길을 잃었을 때 • 택시 타기	• 先生,从这儿到那儿需要多长时间? • 你们想去景福宫,得坐三号线。 • 应该不会堵车。	전치사 往 | 시간보어를 쓰는 문장의 의문문 | 得의 여러 가지 용법 **표현** 길 찾기

주제		단원명	핵심 회화	핵심 구문	어법 포인트
회의	10과	开会时间改了。 회의 시간이 바뀌었어요.	• 회의 시간 확인하기 • 회의 시간 변경하기 • 미팅 시간 확인하기	• 下午三点半在第一会议室开会。 • 你快到会议室去吧。 • 他们说上午十点到我们公司。	방향보어(趋向补语) 단어 회의·미팅
	11과	我把资料放在会议室了。 제가 자료를 회의실에 두었어요.	• 회의 자료 준비하기 • 참가 인원 확인하기 • 회의 안건에 대해 토론하기	• 你把这些文件复印一下, 好吗? • 我已经把它放在会议室了。 • 希望大家继续努力下去。	把자문 표현 회의·보고
실생활 업무	12과	电脑被病毒感染了。 컴퓨터가 바이러스에 감염됐어요.	• 사무기기가 고장 났을 때 • 사무 용품 절약하기 • 컴퓨터가 바이러스에 감염됐을 때	• 昨天还好好儿的, 真奇怪! • 这样可以节省打印纸。 • 我的电脑被病毒感染了。	형용사의 중첩ㅣ被자문 단어 컴퓨터
	13과	您又升职了? 또 승진하셨어요?	• 휴가 신청하기 • 임금 인상에 대해 • 승진을 축하할 때	• 我想请两天假。 • 听说, 明年公司要加工资。 • 只要喜欢自己的工作, 就能有成就。	동사 听说ㅣ2음절 동사의 중첩ㅣ只要……就…… 단어 임금·수당·보험
	14과	我们得跟老总商量商量。 저희는 사장님과 상의해 봐야 해요.	• 업무 진행 상황 확인하기 • 타 부서에 협조 요청하기 • 해외 영업에 문제가 생겼을 때	• 结果什么时候能出来? • 我们得跟老总商量商量。 • 加工成本也越来越高了, 这也是个问题。	자주 쓰이는 가능보어ㅣ越来越 표현 업무 협조 및 진행
주식· 은행	15과	先看看情况再说吧。 우선 상황을 지켜본 후에 다시 얘기해요.	• 주식 시장에 대해 • 환율 물어보기 • 부동산에 대해	• 我买的股票却不停地跌。 • 我们先看看情况再说吧。 • 你从银行里贷了多少?	조사 地ㅣ접속사 却ㅣ동사 再说 단어 주식 및 부동산
	16과	我想换人民币。 인민폐로 환전하려고요.	• 계좌 만들기 • 환전하기 • 송금하기	• 我想开一个账户。 • 我想换两千人民币。 • 你必须先把韩元换成美元, 然后再汇。	先……, 然后(再)……ㅣ부사 必须ㅣ부사 再와 又 단어 세계 여러 나라의 화폐
중국 문화	17과	我们吃长寿面。 우리는 장수면을 먹어요.	• 생일에 대해 • 추석에 대해 • 중국 설 풍습에 대해	• 我们吃长寿面。 • 中秋节你们也赏月吗? • 中国人过年南方人吃年糕, 北方人吃饺子。	임박태 용법 문화 중국의 공휴일
	18과	我给你做伴郎吧。 제가 신랑 들러리를 설게요.	• 주거 문화에 대해 • 중국인의 금기를 물을 때 • 중국인의 결혼식에 대해	• 四合院是中国传统住宅。 • 我们送礼一般不送人家钟表和伞。 • 我们请他们喝喜酒、吃喜糖。	형용사 一般ㅣ대명사 人家ㅣ동태조사 着(2) 문화 생활 속 금기 사항

Level ① 첫걸음

학습 내용

주제		단원명	학습 포인트
인사	1	你好! 안녕하세요!	회화 ❶ 처음 만났을 때 ❷ 오랜만에 만났을 때 ❸ 감사 인사 ❹ 미안할 때 어법 인칭대명사 | 3성의 성조 변화 | 不의 성조 변화
인사	2	再见! 안녕히 가세요!	회화 ❶ 아침 인사 ❷ 헤어질 때 ❸ 축하 인사 ❹ 신년 인사 어법 이름이나 지명의 특수한 성조 | 격음부호 | 4성의 성조 변화
소개	3	我是韩国人。 저는 한국인입니다.	회화 ❶ 성씨 묻기 ❷ 이름 묻기 ❸ 국적 묻기 어법 의문대명사 什么 | 是자문 | 吗로 묻는 의문문
소개	4	这是我的名片。 이것은 제 명함입니다.	회화 ❶ 명함 주고받기 ❷ 호칭 묻기 ❸ 첫 만남 어법 지시대명사 | 구조조사(结构助词) 的(1) | 의문사 怎么
소개	5	他是谁? 저분은 누구시죠?	회화 ❶ 자기 소개 ❷ 동료 소개 ❸ 가족 묻기 어법 양사(量词)와 명량사(名量词) | 有자문 | 几로 묻는 의문문
직장생활	6	贵公司大吗? 귀사는 큰가요?	회화 ❶ 직업 묻기 ❷ 직장 묻기 ❸ 회사 상황 묻기 어법 전치사 在 | 형용사술어문
직장생활	7	我在销售部工作。 저는 영업부에서 근무합니다.	회화 ❶ 부서 묻기 ❷ 직책 묻기 ❸ 임금·보너스 묻기 어법 주술술어문 | 정반의문문(正反疑问句)
직장생활	8	我九点上班。 저는 9시에 출근합니다.	회화 ❶ 출근제 묻기 ❷ 출퇴근 시간 묻기 ❸ 점심 시간 묻기 어법 시간 읽는 법 | 하루의 시간대
약속	9	今天六月四号。 오늘은 6월 4일입니다.	회화 ❶ 연도 묻기 ❷ 월·일·요일 묻기 ❸ 약속하기 어법 월·일·요일 표현법
일상생활	10	我喜欢夏天。 저는 여름을 좋아해요.	회화 ❶ 날씨 묻기 ❷ 공휴일 묻기 ❸ 계절 묻기 어법 부정양사(不定量词) | 동사 喜欢의 용법 | 선택의문문 | 의문대명사 为什么
일상생활	11	你的爱好是什么? 당신 취미는 뭐예요?	회화 ❶ 좋아하는 운동 묻기 ❷ 교육에 대해 묻기 ❸ 취미 묻기 어법 조동사 会 | 부사 都 | 연동문(连动句)(1)
일상생활	12	我想去旅游。 저는 여행을 가고 싶어요.	회화 ❶ 퇴근 후의 일정 묻기 ❷ 주말 스케줄 묻기 ❸ 휴가 스케줄 묻기 어법 전치사 跟 | 조동사 想의 용법 | 자동사와 타동사
장소위치	13	人事部在二楼。 인사부는 2층에 있어요.	회화 ❶ 사무용품의 위치 묻기 ❷ 부서 위치 묻기 ❸ 자리 묻기 어법 방위사
장소위치	14	从这儿到公司近吗? 여기에서 회사까지 가까운가요?	회화 ❶ 회사 위치 묻기 ❷ 회사 부대시설 묻기 ❸ 회사 찾아가기 어법 从……到…… | 吧의 여러 가지 용법 | 전치사 离 | 전치사 给
쇼핑	15	苹果多少钱一斤? 사과 한 근에 얼마예요?	회화 ❶ 물건 찾기 ❷ 옷 입어 보기 ❸ 과일 사기 어법 조동사 可以 | 多少로 묻는 의문문 | 인민폐 읽는 법
쇼핑	16	这条裤子打几折? 이 바지는 몇 퍼센트 할인하나요?	회화 ❶ 흥정하기 ❷ 지불하기 ❸ 쇼핑하기 어법 할인 표현법 | 동격어(同位词语) | 조동사 要
회식	17	我正想吃中国菜呢。 저는 마침 중국 음식이 먹고 싶었어요.	회화 ❶ 회식 시간 잡기 ❷ 식당 가기 ❸ 음식 정하기 어법 동사 觉得 | 의문사 什么时候 | 연동문(2)
회식	18	今天喝点儿什么酒? 오늘은 어떤 술을 좀 마실까요?	회화 ❶ 차 마시기 ❷ 술 종류 묻기 ❸ 음식에 관해 대화하기 어법 조동사 应该 | 구조조사 的(2) | 부사 有点儿

학습 내용 Level ❸ 중국 출장

주제		단원명	학습 포인트
공항 기내	1	这是您的登机牌, 请拿好。 이것은 당신의 탑승권입니다. 잘 챙기세요.	회화 ❶ 부치는 짐이 없을 때 ❷ 탑승 시간을 물어볼 때 ❸ 탑승 수속하기 어법 什么的 | 是 강조 용법 | 麻烦你 | 동사 靠
	2	我们的飞机马上要起飞了。 저희 비행기는 곧 이륙합니다.	회화 ❶ 기내 안전 수칙 지키기 ❷ 승무원에게 요구 사항이 있을 때 ❸ 기내 서비스 이용하기 어법 접속사 还有 | 부사 顺便 | 没问题 | 부사 稍
만남 이동	3	我正在办理入境手续呢。 저는 입국 수속을 밟고 있습니다.	회화 ❶ 입국장에서 늦게 나올 때 ❷ 업체 직원을 못 만났을 때 ❸ 업체 직원과 만나기 어법 부사 刚 | 부사 早就 | 부사 亲自 | 조사 嘛
	4	您坐酒店班车D线就行。 호텔 리무진 D번을 타시면 됩니다.	회화 ❶ 공항 리무진 타기 ❷ 공항에서 택시 타기 ❸ 숙소로 이동하기 어법 ……就行 | 접속사 要是 | 접속사 要不 | 부사 还是
호텔	5	我在网上预订了一个标准间。 저는 인터넷으로 일반룸을 예약했어요.	회화 ❶ 호텔 예약 확인하기 ❷ 조식 포함 확인하기 ❸ 체크인하기 어법 동사 帮 | 동사 含 | 부사 最好 | 동사 打算
	6	房间里可以上网吗? 객실에서 인터넷을 할 수 있나요?	회화 ❶ 인터넷 가능 여부 확인하기 ❷ 비즈니스 센터 이용하기 ❸ 호텔 근처 관광지 묻기 어법 부사 随时 | 동사 等 | 부사 大概 | 형용사 多
	7	我要退房, 这是我的房卡。 체크아웃 하려고요. 여기 제 룸 카드입니다.	회화 ❶ 영수증 발급을 요구할 때 ❷ 호텔에 짐을 맡길 때 ❸ 체크아웃 하기 어법 동사 开 | 到时候 | 부사 好像 | 방향보어 下来
바이어 미팅	8	我派车去接你吧。 제가 차를 보내 모시도록 할게요.	회화 ❶ 미팅 시간 잡기 ❷ 약속 잡기 ❸ 픽업 시간 조율하기 어법 这么巧 | 安排의 용법 | 부사 可 | 접속사 既然
	9	我们的产品主要面向年轻一代。 우리 제품은 젊은이들을 겨냥하고 있습니다.	회화 ❶ 중국 업체 직원과 인사하기 ❷ 회사에 대해 물어보기 ❸ 신제품 소개하기 어법 到……来 | 下海 | 동사 面向 | 那还用说
공장 견학	10	中国也应该有一家代理商。 중국에도 당연히 대리상이 있어야겠네요.	회화 ❶ 대리상에 관해 물어보기 ❷ 중국 회사 상황 물어보기 ❸ 제품 관련 대화하기 어법 동사 算 | 접속사 同时 | 受……欢迎 | 부사 毕竟
	11	贵公司对代理商有什么要求? 귀사는 대리상에 대해 어떤 요구 사항이 있나요?	회화 ❶ 직영점 둘러보기 ❷ 공장 둘러보기 ❸ 대리상 계약 조건 이야기하기 어법 전치사 为 | 대동사 搞 | 有道理 | 형용사 差不多
접대	12	今天我们在这儿设小宴。 오늘 저희가 이곳에 조촐한 식사 자리를 마련했습니다.	회화 ❶ 자리 배정하기 ❷ 못 먹는 음식이 나왔을 때 ❸ 식사하며 대화하기 어법 为……洗尘 | 접속사 不过 | 동사 舍 | 부사 简直
	13	我就以茶代酒吧。 차로 술을 대신하겠습니다.	회화 ❶ 술을 권할 때 ❷ 술을 목 마실 상황일 때 ❸ 술자리에서 대화하기 어법 동사 陪 | 以茶代酒 | 说实话 | 对……表示
쇼핑	14	没有发票, 一律不能退货。 영수증 없이는 다 환불이 안 됩니다.	회화 ❶ 제품을 문의할 때 ❷ 영수증이 있을 때 환불 받기 ❸ 영수증 없이 환불하려고 할 때 어법 这我不太清楚 | 没法 | 부사 一律 | 实在의 용법
	15	怪不得, 这做得真别致。 어쩐지, 참 독특하다 싶었어요.	회화 ❶ 사이즈 교환하기 ❷ 다른 디자인으로 교환하기 ❸ 선물 고르기 어법 이중부정 不……不…… | 像……一样 | 怪不得 | 各의 용법
귀국	16	我就在这儿告辞了。 전 여기서 이만 인사를 드리겠습니다.	회화 ❶ OPEN 티켓 예약하기 ❷ 티켓 예약 재확인하기 ❸ 배웅할 때 어법 동사 往返 | 替의 용법 | 전치사 向 | 一路平安
	17	您的行李超重了。 손님 짐은 중량 초과입니다.	회화 ❶ 기내 반입 금지 물품을 들고 있을 때 ❷ 짐이 중량을 초과했을 때 ❸ 안전 검사를 할 때 어법 동사 不许 | 不会吧 | 동사 省 | 怎么回事
출장 보고	18	这次出差顺利吧? 이번에 출장 갔던 일은 잘 되었죠?	회화 ❶ 출장에서 돌아왔을 때 ❷ 업체를 평가할 때 ❸ 출장 결과에 대해 보고할 때 어법 斤斤计较 | 접속사 而且 | 전치사 根据 | 동사 说明

이 책의 구성

핵심 구문

회화의 주요 핵심 구문이 각 상황별로 제시되어 있습니다. 생동감 넘치는 삽화와 주인공 김성공의 재치 있는 이야기를 함께 담아 중국어 문장을 쉽게 이해할 수 있습니다.

맛있는 단어

각 과의 새 단어가 일목요연하게 정리되어 있습니다. 연관 단어가 함께 제시되어 있어 단어 학습에 효과적입니다.

맛있는 회화

일상 업무에 초점을 맞춘 주제를 선정해 활용도가 높은 회화문을 구성했습니다. 중국인의 언어 습관이 반영된 상황별 회화문을 통해 의사소통 능력을 향상시켜 보세요. 하단에는 회화문에 포함된 표현이나 단어 설명이 제시되어 있으니 함께 익혀 보세요.

맛있는 어법

회화문에 제시된 핵심 어법을 쉬운 설명과 활용도 높은 예문을 통해 한번에 정리할 수 있습니다. 중국어 어법의 뼈대가 되는 요소를 파악해 중국어 회화의 기초를 다지세요.

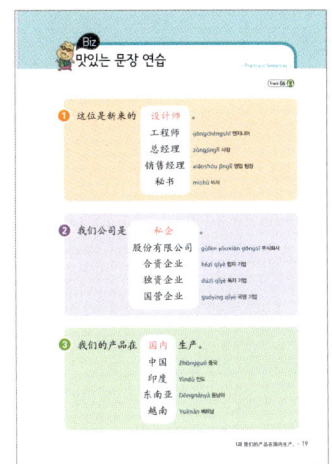

맛있는 문장 연습

원어민의 정확한 발음을 듣고 따라 읽어 보며 비즈니스에서 가장 핵심이 되는 문장을 집중적으로 훈련해 보세요. 다양한 예문을 수록하여 실전에서도 막힘 없이 술술 말할 수 있는 실력을 기를 수 있습니다.

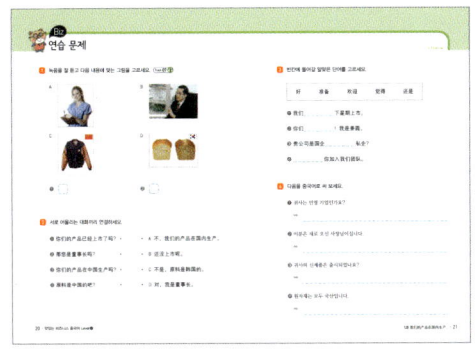

연습 문제

녹음 내용 듣고 알맞은 그림 고르기, 대화 흐름에 맞게 문장 연결하기, 빈칸에 들어갈 알맞은 단어 고르기, 작문하기 등 다양한 문제로 구성되어 있습니다. 헷갈리는 부분과 틀린 부분은 반드시 다시 한번 짚고 넘어가세요.

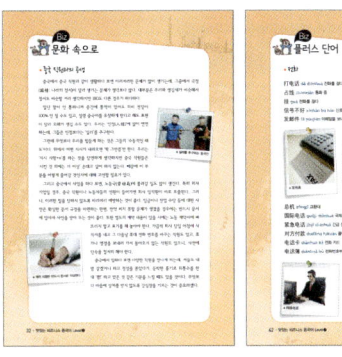

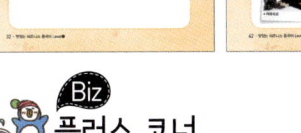
플러스 코너

〈Biz 문화 속으로〉 〈Biz 플러스 표현〉 〈Biz 플러스 단어〉 등 중국의 비즈니스 문화와 각 과와 관련된 풍부한 표현과 단어를 통해 중국어뿐만 아니라 비즈니스 문화와 언어 습관까지 꿰뚫어 비즈니스의 달인이 되세요.

일러두기

◉ 품사 약어표

품사명	약어	품사명	약어	품사명	약어
명사	명	고유명사	고유	조동사	조동
동사	동	인칭대명사	대	접속사	접
형용사	형	의문대명사	대	감탄사	감탄
부사	부	지시대명사	대	접두사	접두
수사	수	어기조사	조	접미사	접미
양사	양	동태조사	조		
전치사	전	구조조사	조		

◉ 고유명사 표기

중국의 지명, 기관 등의 명칭은 중국어 발음을 한국어로 표기하였고, 인명은 각 나라에서 실제로 읽히는 발음을 한국어로 표기했습니다.

예) 北京 Běijīng 베이징   金成功 Jīn Chénggōng 김성공   安娜 Ānnà 안나

이 책의 주요 등장인물

金成功
Jīn Chénggōng

30세, 한국인
승리어패럴
해외 영업부 대리

高笑美
Gāo Xiàoměi

28세, 중국인
김성공의
직장 동료

韩新
Hán Xīn

42세, 한국인
승리어패럴
해외 영업부 부장
김성공의 직장 상사

我们的产品在国内生产。
Wǒmen de chǎnpǐn zài guónèi shēngchǎn.
저희 제품은 국내에서 생산합니다.

 소개·안부

- **상황 1** 신입 사원 소개하기
- **상황 2** 회사 소개하기
- **상황 3** 제품에 대해 묻기
- 了의 용법

확실히 슈퍼우먼 시대가 도래한 것 같다.
새로 들어오신 수석 디자이너도 그렇고,
거래처 주 사장님도 그렇고 강렬한 포스가 느껴진다.
당당한 눈빛과 추진력! 참 멋지다.
역시 능력 있는 분들과 같이 일한다는 것은 신나는 일이다.

Track 01

핵심구문 ①
这位是新来的设计师。
이분은 새로 오신 디자이너입니다.

핵심구문 ②
贵公司是国企还是私企?
귀사는 국영 기업인가요, 민영 기업인가요?

핵심구문 ③
你们的新产品已经上市了吗?
귀사의 신제품은 이미 출시되었나요?

맛있는 단어

Track 02

注意	zhùyì	통 주의하다, 주목하다
新	xīn	형 새롭다 부 새로이
设计师	shèjìshī	명 디자이너
姜圆	Jiāng Yuán	고유 지앙위엔(인명)
欢迎	huānyíng	통 환영하다
加入	jiārù	통 가입하다, 참여하다, 합류하다
团队	tuánduì	명 팀, 단체
周	Zhōu	고유 주(성씨)
国企	guóqǐ	명 국영 기업 *国营企业의 줄임말
私企	sīqǐ	명 민영 기업 *私营企业의 줄임말
董事长	dǒngshìzhǎng	명 이사장, 대표 이사, 회장
新产品	xīnchǎnpǐn	명 신제품
已经	yǐjing	부 이미
上市	shàngshì	통 출시하다, 상장하다
了	le	조 동작의 발생, 완료, 새로운 상황의 출현, 임박태 등을 나타냄
还没……呢	hái méi……ne	아직 ~하지 않았다
准备	zhǔnbèi	통 준비하다
生产	shēngchǎn	통 생산하다
国内	guónèi	명 국내
原料	yuánliào	명 원자재, 원료
国产	guóchǎn	형 국산의, 국내에서 생산한
客户	kèhù	명 바이어, 거래처

맛있는 회화

상황1 신입 사원 소개하기 Track 03

韩新: 大家注意，这位是新来的设计师。
Dàjiā zhùyì, zhè wèi shì xīn lái de shèjìshī.

姜圆: 你们好！我是姜圆。
Nǐmen hǎo! Wǒ shì Jiāng Yuán.

金成功: 欢迎你加入我们团队。
Huānyíng nǐ jiārù wǒmen tuánduì.

상황2 회사 소개하기 Track 04

金成功: 周总，贵公司是国企还是私企?
Zhōu zǒng, guì gōngsī shì guóqǐ háishi sīqǐ?

周总: 我们公司是私企。
Wǒmen gōngsī shì sīqǐ.

金成功: 那您是董事长吗?
Nà nín shì dǒngshìzhǎng ma?

周总: 对，我是董事长。
Duì, wǒ shì dǒngshìzhǎng.

| Dialogue

상황3 제품에 대해 묻기 Track 05

客户 你们的新产品已经上市了❶吗?
Nǐmen de xīnchǎnpǐn yǐjing shàngshì le ma?

金成功 还没上市呢,准备下星期上市。
Hái méi shàngshì ne, zhǔnbèi xià xīngqī shàngshì.

客户 你们的产品在哪儿生产?
Nǐmen de chǎnpǐn zài nǎr shēngchǎn?

金成功 我们的产品在国内生产。
Wǒmen de chǎnpǐn zài guónèi shēngchǎn.

客户 那原料是国产的吧?
Nà yuánliào shì guóchǎn de ba?

金成功 对,原料都是国产的。
Duì, yuánliào dōu shì guóchǎn de.

맛있는 어법

| Grammar

❶ 了의 용법

● 了의 용법(1)

① 동태조사 了가 문장 끝에 쓰일 때는 '어떤 일이 일어났음'을 표현합니다.

我们已经吃午饭了。 우리는 이미 점심을 먹었어요.
Wǒmen yǐjing chī wǔfàn le.

昨天张总来我们公司了。 어제 장 사장님이 우리 회사에 오셨어요.
Zuótiān Zhāng zǒng lái wǒmen gōngsī le.

A **你们吃午饭了没有?** 자네들은 점심 식사를 했나요?
Nǐmen chī wǔfàn le méiyou?

B 긍정 **吃了。** 네. / 부정 **没有。** 아니요.
Chī le.　　　　　　　Méiyou.

② 부정형은 동사 앞에 没有를 쓰고, 了는 생략합니다. '어떤 일이 아직 일어나지 않았다'고 할 때는 '还没……呢' 형식을 씁니다.

我们没有去中国。 우리는 중국에 가지 못했어요.
Wǒmen méiyou qù Zhōngguó.

他们还没出发呢。 그들은 아직 출발하지 않았어요.
Tāmen hái méi chūfā ne.

● 了의 용법(2)

了가 동사 뒤에 쓰일 때는 어떤 동작을 '마쳤다, 완료했다'라는 뜻을 나타냅니다. 부정형은 동사 앞에 '没有'를 쓰고, '了'는 생략합니다. *문장에서 목적어는 보통 '관형어+목적어' 형식으로 쓰입니다.

我见了从中国来的客人。 저는 중국에서 오신 손님을 만났습니다.
Wǒ jiàn le cóng Zhōngguó lái de kèrén.

他买了一辆车。 그는 차를 한 대 샀습니다.
Tā mǎi le yí liàng chē.

金代理没有吃面条。 김 대리는 국수를 못 먹었습니다.
Jīn dàilǐ méiyou chī miàntiáo.

* 客人 kèrén 명 손님
* 辆 liàng 양 대, 량(차량을 세는 단위)

주의 자주 일어나는 일이나 습관적인 동작에는 시제와 상관없이 了를 쓰지 않습니다. 이러한 문장에는 常常, 经常, 每天 등의 단어가 동반됩니다.

去年我们经常见面。 작년에 우리는 자주 만났습니다.
Qùnián wǒmen jīngcháng jiànmiàn.

他每天早上跑步。 그는 매일 아침 조깅을 합니다.
Tā měitiān zǎoshang pǎobù.

* 经常 jīngcháng 부 자주, 항상

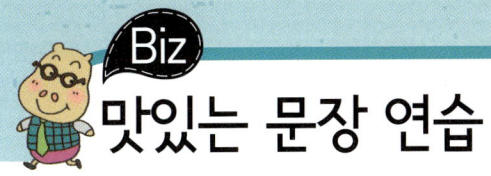

맛있는 문장 연습

| Practice of Sentences

Track 06

1 这位是新来的 **设计师** 。

工程师　gōngchéngshī 엔지니어
总经理　zǒngjīnglǐ 사장
销售经理　xiāoshòu jīnglǐ 영업 팀장
秘书　mìshū 비서

2 我们公司是 **私企** 。

股份有限公司　gǔfèn yǒuxiàn gōngsī 주식회사
合资企业　hézī qǐyè 합자 기업
独资企业　dúzī qǐyè 독자 기업
国营企业　guóyíng qǐyè 국영 기업

3 我们的产品在 **国内** 生产。

中国　Zhōngguó 중국
印度　Yìndù 인도
东南亚　Dōngnányà 동남아
越南　Yuènán 베트남

연습 문제

1 녹음을 잘 듣고 다음 내용에 맞는 그림을 고르세요. Track 07

A
B

C
D

❶ ☐ ❷ ☐

2 서로 어울리는 대화끼리 연결하세요.

❶ 你们的产品已经上市了吗? •   • A 不，我们的产品在国内生产。

❷ 那您是董事长吗? •   • B 还没上市呢。

❸ 你们的产品在中国生产吗? •   • C 不是，原料是韩国的。

❹ 原料是中国的吧? •   • D 对，我是董事长。

3 빈칸에 들어갈 알맞은 단어를 고르세요.

| 好 | 准备 | 欢迎 | 觉得 | 还是 |

❶ 我们_____下星期上市。

❷ 你们_____！我是姜圆。

❸ 贵公司是国企_____私企？

❹ _____你加入我们团队。

4 다음을 중국어로 써 보세요.

❶ 귀사는 민영 기업인가요?

　➡ _____

❷ 이분은 새로 오신 사장님이십니다.

　➡ _____

❸ 귀사의 신제품은 출시되었나요?

　➡ _____

❹ 원자재는 모두 국산입니다.

　➡ _____

플러스 표현

● 소개

☐ 我来介绍一下。 제가 소개하겠습니다.
　Wǒ lái jièshào yíxià.

☐ 我先给大家介绍一下，这位是张总。
　Wǒ xiān gěi dàjiā jièshào yíxià, zhè wèi shì Zhāng zǒng.
　우선 여러분께 소개해 드리겠습니다. 이분은 장 사장님이십니다.

☐ 我们公司是独资企业。 우리 회사는 독자 기업입니다.
　Wǒmen gōngsī shì dúzī qǐyè.

☐ 贵公司是股份有限公司吧?
　Guì gōngsī shì gǔfèn yǒuxiàn gōngsī ba?
　귀사는 주식회사이죠?

☐ 那个公司是由我们公司控股的。
　Nàge gōngsī shì yóu wǒmen gōngsī kònggǔ de.
　그 회사는 우리가 지분 투자를 한 회사예요.

▲ 我来介绍一下。

▲ 我在这个公司工作。

☐ 我在这个公司工作。 저는 이 회사에서 일합니다.
　Wǒ zài zhège gōngsī gōngzuò.

☐ 我是这个公司的总经理。
　Wǒ shì zhège gōngsī de zǒngjīnglǐ.
　제가 이 회사의 사장입니다.

☐ 这里是我们的总部。 여기는 저희 본사입니다.
　Zhèlǐ shì wǒmen de zǒngbù.

☐ 我们还有两个分厂。
　Wǒmen hái yǒu liǎng ge fēnchǎng.
　우리는 또 분공장 두 개를 가지고 있어요.

☐ 大家，互相认识一下。
　Dàjiā, hùxiāng rènshi yíxià.
　여러분, 서로 알고 지냅시다.

你最近过得怎么样?
Nǐ zuìjìn guò de zěnmeyàng?
요즘 어떻게 지내세요?

 소개·안부

- 상황1 업체 직원에 대해 물을 때
- 상황2 길에서 지인을 만날 때
- 상황3 다른 회사에서 지인을 만날 때

— 정도보어(程度补语)

긍정적인 태도로 일을 해서인지
나, 김성공에 대한 평판이 그리 나쁘지만은 않다.
더 잘하라는 격려의 뜻으로 알고, 열심히 뛰어야지.
점점 늘어나는 업무량에 때로는 지치기도 하지만,
게으름 피우지 않고 최선을 다하리라!

Track 08

핵심구문 ❶

他人很好，工作能力也非常强。
그 사람 사람도 괜찮고, 업무 능력도 아주 뛰어나요.

핵심구문 ❷

你最近过得怎么样?
요즘 어떻게 지내세요?

핵심구문 ❸

我对这个公司很满意。
나는 우리 회사에 만족하고 있어요.

맛있는 단어

能力	nénglì	명 능력
强	qiáng	형 강하다, 뛰어나다
人才	réncái	명 인재
是的	shì de	그렇다
没的说	méi de shuō	말할 필요가 없다, 흠잡을 데 없이 아주 훌륭하다
过	guò	동 지내다, (날을) 보내다
得	de	조 정도보어와 가능보어를 만들 때 술어와 보어 사이에 위치함
还是	háishi	부 여전히
那么	nàme	접 그러면

那 nà 그러면

团团转	tuántuán zhuàn	동 이리저리 뛰다
咦	yí	감탄 어! *놀람을 나타냄
刘娟	Liú Juān	고유 리우쥐엔(인명)
家	jiā	양 회사, 병원, 호텔 등을 세는 단위
合作	hézuò	동 협력하다, 합작하다
伙伴	huǒbàn	명 파트너, 동반자

合作伙伴 hézuò huǒbàn 협력사

条件	tiáojiàn	명 조건
对	duì	전 ~에 대해
满意	mǎnyì	형 만족하다

满足 mǎnzú 만족하다

Biz 맛있는 회화

상황1 업체 직원에 대해 물을 때 Track 10

客户 　金代理他人怎么样?
　　　　Jīn dàilǐ tā rén zěnmeyàng?

韩新 　他人很好,工作能力也非常强。
　　　　Tā rén hěn hǎo, gōngzuò nénglì yě fēicháng qiáng.

客户 　那他是个人才啊!
　　　　Nà tā shì ge réncái a!

韩新 　是的,没的说。
　　　　Shì de, méi de shuō.

상황2 길에서 지인을 만날 때 Track 11

客户 　好久不见! 你最近过得❶怎么样?
　　　　Hǎo jiǔ bú jiàn! Nǐ zuìjìn guò de zěnmeyàng?

金成功 　我过得很好。你还是那么忙吗?
　　　　Wǒ guò de hěn hǎo. Nǐ háishi nàme máng ma?

客户 　对啊,每天忙得团团转。
　　　　Duì a, měitiān máng de tuántuán zhuàn.

Tip

+ 전치사 对

전치사 对는 동작의 대상을 동반해 '~에게, ~에 대해'라는 뜻을 나타냅니다.

老总**对**我们很好。 사장님은 우리에게 잘해 주세요.
Lǎozǒng duì wǒmen hěn hǎo.

我**对**贵公司的产品很感兴趣。 저는 귀사의 제품에 관심이 아주 많습니다.
Wǒ duì guì gōngsī de chǎnpǐn hěn gǎn xìngqù.

*感兴趣 gǎn xìngqù 관심이 있다

| Dialogue

상황 3 다른 회사에서 지인을 만날 때 Track 12

金成功 　哎! 这是谁呀? 刘娟!
　　　　Yí! Zhè shì shéi ya? Liú Juān!

刘 娟 　金成功! 你怎么会在这儿?
　　　　Jīn Chénggōng! Nǐ zěnme huì zài zhèr?

金成功 　这家公司是我们的合作伙伴，你呢?
　　　　Zhè jiā gōngsī shì wǒmen de hézuò huǒbàn, nǐ ne?

刘 娟 　我在这个公司工作。
　　　　Wǒ zài zhège gōngsī gōngzuò.

金成功 　是吗? 这里条件不错吧?
　　　　Shì ma? Zhèlǐ tiáojiàn búcuò ba?

刘 娟 　不错。我对这个公司很满意。
　　　　Búcuò. Wǒ duì zhège gōngsī hěn mǎnyì.

맛있는 어법 | Grammar

❶ 정도보어(程度补语)

정도보어는 어떤 '동작'이나 '상태'가 어느 수준에 이르렀는지를 설명하는 보어를 말합니다. 정도보어를 써서 설명하는 문장은 이미 발생했거나 자주 일어나는 일이라 화자가 다른 사람이나 사물의 상태를 이미 알고 있는 경우에 많이 씁니다.

● 得를 쓰는 정도보어

긍정형 주어 + 술어 + 得 + 정도부사 + 정도보어

他唱中国歌唱得非常好。 그는 중국 노래를 아주 잘 불러요.
Tā chàng Zhōngguó gē chàng de fēicháng hǎo.

报告他写得很快。 그는 보고서를 빨리 씁니다.
Bàogào tā xiě de hěn kuài.

* 唱歌 chànggē 통 노래를 부르다

주의 得는 반드시 술어(동사나 형용사) 뒤에 위치해야 합니다.

부정형 주어 + 술어 + 得 + 不 + 정도부사 + 정도보어

他来得不早。 그는 늦게 왔어요.
Tā lái de bù zǎo.

他汉语说得不太流利。 그는 중국어를 유창하게 하지 못해요.
Tā Hànyǔ shuō de bú tài liúlì.

* 流利 liúlì 형 (말·문장이) 유창하다

의문형 주어 + 술어 + 得 + 정도보어 + 吗?[怎么样?/보어의 정반형?]

他来得早吗? / 他来得早不早? 그는 일찍 오나요?
Tā lái de zǎo ma? / Tā lái de zǎo bu zǎo?

金代理，周末过得怎么样? 김 대리, 주말 어떻게 보냈어요?
Jīn dàilǐ, zhōumò guò de zěnmeyàng?

● 정도보어 极了 jíle / 死了 sǐle / 透了 tòule

정도보어를 만들 때, 형용사 술어 뒤에 极了, 死了, 透了를 써서 어떤 정도가 극에 달했거나 아주 심한 정도임을 표현하기도 합니다.

他高兴极了。 그는 너무나 기뻐했어요.
Tā gāoxìng jíle.

今天倒霉透了。 오늘 완전 재수 꽝이에요.
Jīntiān dǎoméi tòule.

* 倒霉 dǎoméi 형 재수 없다

Biz 맛있는 문장 연습

| Practice of Sentences

Track 13

1 你最近 过 得怎么样?

- 准备 zhǔnbèi 준비하다
- 睡 shuì (잠을) 자다
- 玩儿 wánr 놀다
- 学 xué 배우다

2 我在 这个公司 工作。

- 跨国公司 kuàguó gōngsī 다국적 기업
- 保险公司 bǎoxiǎn gōngsī 보험 회사
- 大企业 dàqǐyè 대기업
- 证券公司 zhèngquàn gōngsī 증권 회사

3 我对 这个公司 很满意。

- 这种产品 zhè zhǒng chǎnpǐn 이 제품
- 这款手机 zhè kuǎn shǒujī 이 휴대 전화
- 这个价格 zhège jiàgé 이 가격
- 这个酒店 zhège jiǔdiàn 이 호텔

연습 문제

1 녹음을 잘 듣고 다음 내용에 맞는 그림을 고르세요. Track 14

A  B

C  D

❶   ❷

2 서로 어울리는 대화끼리 연결하세요.

❶ 你怎么会在这儿?   •   • A 是的，不错。

❷ 你还是那么忙吗?   •   • B 他人很好。

❸ 金代理他人怎么样? •   • C 我在这儿工作。

❹ 这里条件不错吧?   •   • D 对啊，忙得团团转。

| Exercise

3 빈칸에 들어갈 알맞은 단어를 고르세요.

| 人才 | 得 | 家 | 对 | 在 |

❶ 这_____公司是我们的合作伙伴。

❷ 那他是个_____啊!

❸ 我过_____很好。

❹ 我_____ 这个公司很满意。

4 다음을 중국어로 써 보세요.

❶ 미스 고는 사람이 어떤가요?

　➡ _____

❷ 오랜만이에요, 요즘 어떻게 지내세요?

　➡ _____

❸ 어! 이게 누구야?

　➡ _____

❹ 저는 이 회사에서 일해요.

　➡ _____

문화 속으로

중국 직원과의 공생

중국에서 중국 직원과 같이 생활하다 보면 이러저러한 문제가 많이 생기는데, 그중에서 국정(国情: 나라의 정서)이 달라 생기는 문제가 생각보다 많다. 대부분은 우리와 생김새가 비슷해서 정서도 비슷할 거라 생각하지만 180도 다른 경우가 허다하다.

일단 말이 안 통하니까 중간에 통역이 있어도 의미 전달이 100% 안 될 수도 있고, 설령 중국어를 유창하게 한다고 해도 표현이 달라 오해가 생길 수도 있다. 우리는 '인정(人情)'에 많이 연연하는데, 그들은 인정보다는 '실리'를 추구한다.

▲ 실리를 추구하는 중국인

그런데 무엇보다 우리를 힘들게 하는 것은 그들의 '수동적인 태도'이다. 위에서 어떤 지시가 내려오면 '딱 그만큼'만 한다. 우리는 '지시 사항+α'를 하는 것을 당연하게 생각하지만 중국 직원들은 '시킨 것 외에는 더 이상' 손대고 싶어 하지 않는다. 때문에 이 부분을 어떻게 풀어갈 것인지에 대해 고민할 필요가 있다.

그리고 중국에서 사업을 하다 보면, 노동국(劳动局)에 불려갈 일도 많이 생긴다. 특히 외자 기업일 경우, 중국 직원이나 노동자들의 민원이 들어가면 회사 임직원이 바로 호출된다. 그러니, 이러한 일을 당하지 않도록 미리미리 예방하는 것이 좋다. 임금이나 잔업 수당 등에 대한 사안은 확실한 문서 규정을 마련하는 한편, 만약 피치 못할 문제가 생겼을 경우에는 반드시 문서에 당사자 사인을 받아 두는 것이 좋다. 또한 별도의 계약 내용이 있을 시에는 노동 계약서에 빠

▲ 계약 사항은 반드시 문서로 작성한다

뜨리지 말고 표기를 해 놓아야 한다. 가끔씩 퇴사 당일 아침에 사직서를 내고 그 다음날 휴대 전화 번호를 바꾸는 직원도 있고, 휴가나 명절을 보내러 가서 돌아오지 않는 직원도 있으니, 사전에 단속을 철저히 해야 한다.

중국에서 일하다 보면 다양한 직원을 만나게 되는데, 저들도 내 맘 같겠거니 하고 정성을 쏟았다가, 둔탁한 흉기로 뒤통수를 한 대 '꽝!' 하고 맞은 것 같은 기분을 느낄 때도 있을 것이다. 무엇보다 마음에 상처를 받지 않도록 강심장을 기르는 것이 중요하겠다.

张总的手机号码是多少?
Zhāng zǒng de shǒujī hàomǎ shì duōshao?
장 사장님의 휴대 전화 번호는 몇 번인가요?

 통신 수단

상황 1　전화번호 묻기
상황 2　담당자 찾기
상황 3　전화를 잘못 걸었을 때

- 결과보어(结果补语)

갑자기 휴대 전화 배터리가 나가서
공중전화를 찾는데 얼마나 오래 걸렸는지.
전에는 그래도 흔하게 보였던 것 같은데,
요즘에는 너도나도 다 휴대 전화를 쓰니
공중전화는 뒷방 퇴기(退妓)처럼 물러난 지 오래다.
그래도 가끔은 아날로그가 그립다.

Track 15

핵심구문 1

张总的手机号码是多少?
장 사장님의 휴대 전화 번호는 몇 번인가요?

핵심구문 2

喂! 金代理在吗?
여보세요, 김 대리님 계신가요?

핵심구문 3

先生, 您打错了。
선생님, 전화 잘못 거셨어요.

맛있는 단어

- 号码 hàomǎ 명 번호
- 快 kuài 형 빠르다
  - 慢 màn 느리다
- 清楚 qīngchu 형 분명하다, 뚜렷하다, 이해하다
- 再 zài 부 다시
- 遍 biàn 양 번, 차례, 회
- 喂 wéi 감탄 여보세요
- 请 qǐng 동 ~해 주세요
- 稍 shāo 부 약간, 조금
- 等 děng 동 기다리다
- 请稍等 qǐng shāo děng 잠시만 기다려 주세요
- 找 zhǎo 동 찾다, 구하다
- 老 lǎo 접두 나이든 사람의 호칭에 쓰임
  - 老金 Lǎo Jīn 김 씨, 김 형
- 哎呀 āiyā 감탄 아이고!, 저런!, 어머!
- 不好意思 bù hǎoyìsi 창피하다, 죄송하다
- 打扰 dǎrǎo 동 폐를 끼치다, 방해하다
  - 对不起，打扰一下。 Duìbuqǐ, dǎrǎo yíxià. 죄송합니다, 실례하겠습니다.
  - 不好意思，打扰你了。 Bù hǎoyìsi, dǎrǎo nǐ le. 죄송합니다, 폐를 끼쳤습니다.
- 没事儿 méishìr 괜찮아요
  - 没关系 méi guānxi 괜찮아요

맛있는 회화

상황1 전화번호 묻기 　Track 17

韩 新　金代理，张总的手机号码是多少？
　　　　Jīn dàilǐ, Zhāng zǒng de shǒujī hàomǎ shì duōshao?

金成功　她的手机号码是13913875632。
　　　　Tā de shǒujī hàomǎ shì yāo sān jiǔ yāo sān bā qī wǔ liù sān èr.

韩 新　你说得太快，我没听清楚❶，你再说一遍，好吗？
　　　　Nǐ shuō de tài kuài, wǒ méi tīng qīngchu, nǐ zài shuō yí biàn, hǎo ma?

상황2 담당자 찾기 　Track 18

客 户　喂！金代理在吗？
　　　　Wéi! Jīn dàilǐ zài ma?

高笑美　请稍等。
　　　　Qǐng shāo děng.

客 户　好的，谢谢！
　　　　Hǎo de, xièxie!

➕ 전화번호 읽기

전화번호를 읽을 때는 숫자를 하나씩 읽고, '1'은 'yāo'로 읽습니다.

[일반 전화]
5308-2636 ◑ wǔ sān líng bā èr liù sān liù

[휴대 전화]
13599634738 ◑ yāosān wǔ jiǔjiǔliùsān sìqīsānbā / yāosānwǔ jiǔjiǔliù sānsìqīsānbā

| Dialogue

상황3 전화를 잘못 걸었을 때 Track 19

A 喂！是李总吗?
Wéi! Shì Lǐ zǒng ma?

金成功 喂！您找哪位?
Wéi! Nín zhǎo nǎ wèi?

A 李总，我是老张。
Lǐ zǒng, wǒ shì Lǎo Zhāng.

金成功 先生，您打错了，这不是李总的电话。
Xiānsheng, nín dǎcuò le, zhè bú shì Lǐ zǒng de diànhuà.

A 是吗？哎呀，不好意思，打扰你了。
Shì ma? Āiyā, bù hǎoyìsi, dǎrǎo nǐ le.

金成功 没事儿。
Méishìr.

맛있는 어법

| Grammar

❶ 결과보어(结果补语)

동작 행위의 결과를 나타내는 보어를 결과보어라고 합니다. 동사 뒤에 동사나 형용사를 써서 표현합니다.

> **긍정형** 주어 + 동사 + **결과보어**(동사/형용사)

这个月的工作他们都做**完**了。 이번 달 임무를 그들은 다 완수했습니다.
Zhège yuè de gōngzuò tāmen dōu zuòwán le.

你得说**清楚**。 당신은 분명히 말해야 해요.
Nǐ děi shuō qīngchu.

> **부정형** 주어 + **没**(**有**) + 동사 + 결과보어

没想到你也来这儿。 당신도 여기에 올 거라고는 생각지 못했어요.
Méi xiǎngdào nǐ yě lái zhèr.

> **참고** 동작이 아직 완료되지 않았음을 나타낼 때는 '还没(有)……呢'를 씁니다.

他们**还没**准备好**呢**。 그들은 아직 준비가 덜 됐어요.
Tāmen hái méi zhǔnbèi hǎo ne.

> **의문형** 주어 + 동사 + 결과보어 + **了吗**?/**了没有**?

你找到工作**了吗**? 직장은 구했나요?
Nǐ zhǎodào gōngzuò le ma?

你们打扫干净**了没有**? 청소는 깨끗하게 했나요?
Nǐmen dǎsǎo gānjìng le méiyou?

* 打扫 dǎsǎo 동 청소하다

* 결과보어로 자주 쓰이는 동사와 형용사

동사	见 jiàn 보다 | 懂 dǒng 이해하다 | 完 wán 완성하다 | 到 dào 목적을 달성하다 | 住 zhù 견고하고 안정되다 | 成 chéng ~가 되다 | 在 zài ~에 놓다 | 给 gěi 주다 | 着 zháo 목적을 달성하다
형용사	好 hǎo 잘하다 | 对 duì 맞다 | 错 cuò 틀리다 | 脏 zāng 더럽다 | 干净 gānjìng 깨끗하다 | 清楚 qīngchu 분명하다

맛있는 문장 연습

| Practice of Sentences

Track 20

1 金代理, 张总的手机号码 是多少?

你家的电话号码　nǐ jiā de diànhuà hàomǎ
당신의 집 전화번호

贵公司的传真号码　guì gōngsī de chuánzhēn hàomǎ
귀사의 팩스 번호

你的车牌号码　nǐ de chēpái hàomǎ
당신의 자동차 번호판

李总办公室的号码　Lǐ zǒng bàngōngshì de hàomǎ
이 사장님 사무실 호수

2 你再 说 一遍, 好吗?

看　kàn 보다
听　tīng 듣다
念　niàn 읽다
写　xiě 쓰다

3 喂! 金代理 在吗?

许代理　Xǔ dàilǐ 허 대리
小高　Xiǎo Gāo 미스 고
金总　Jīn zǒng 김 사장님
张部长　Zhāng bùzhǎng 장 부장

연습 문제

1 녹음을 잘 듣고 다음 내용에 맞는 그림을 고르세요. Track 21

A

B

C

D

❶   ❷

2 서로 어울리는 대화끼리 연결하세요.

❶ 喂！您找哪位？   •   • A 是吗？我再说一遍。

❷ 你说得太快，我没听清楚。 •   • B 在，请稍等。

❸ 韩部长在吗？   •   • C 我不知道。

❹ 张总的手机号码是多少？ •   • D 我找李总。

*知道 zhīdào 통 알다

Exercise

3 빈칸에 들어갈 알맞은 단어를 고르세요.

| 不好意思 | 吗 | 不是 | 多少 | 老 |

❶ 哎呀，_____，打扰你了。

❷ 韩部长，我是_____张。

❸ 这_____李总的电话，我是金代理。

❹ 你知道金代理的手机号码是_____？

4 다음을 중국어로 써 보세요.

❶ 미스 고, 한 부장님 휴대 전화 번호는 몇 번인가요?

➡ _____

❷ 장 사장님, 전 김성공입니다.

➡ _____

❸ 여보세요, 어느 분 찾으세요?

➡ _____

❹ 아가씨, 전화를 잘못 거셨어요.

➡ _____

플러스 단어

● 전화

打电话 dǎ diànhuà 전화를 걸다
占线 zhànxiàn 통화 중
挂 guà 전화를 끊다
信号不好 xìnhào bù hǎo 신호가 안 좋다
发邮件 fā yóujiàn 이메일을 보내다

▲ 打电话

▲ 发传真

发传真 fā chuánzhēn 팩스를 보내다
发短信 fā duǎnxìn 문자 메시지를 보내다
电话号码 diànhuà hàomǎ 전화번호
家里的电话 jiāli de diànhuà 집 전화
公用电话 gōngyòng diànhuà 공중전화

总机 zǒngjī 교환대
国际电话 guójì diànhuà 국제 전화
紧急电话 jǐnjí diànhuà 긴급 전화
对方付款 duìfāng fùkuǎn 콜렉트 콜
电话卡 diànhuà kǎ 전화 카드
电话簿 diànhuà bù 전화번호부

▲ 电话卡

▲ 网络电话

话费 huàfèi 통화료
长途电话 chángtú diànhuà 시외 전화
免费电话 miǎnfèi diànhuà 무료 전화
网络电话 wǎngluò diànhuà 인터넷 전화
漫游服务 mànyóu fúwù 로밍 서비스

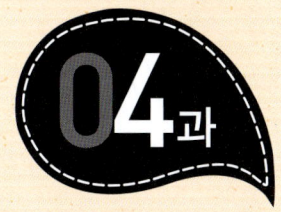

我给你发短信吧。
Wǒ gěi nǐ fā duǎnxìn ba.

제가 문자 메시지를 보낼게요.

통신 수단	상황 1	이메일 주소 묻기
	상황 2	팩스 번호 묻기
	상황 3	이메일 요청하기

- 가능보어(可能补语)

판매량 보고서 작성 중.

아직 한두 시간은 더 걸릴 듯한데,

역시나 우리 부장님께서는 채근하지 않고 천천히 쓰라고 하신다.

'모태 군자'이신 우리 부장님을 보면서

'나도 저런 상사가 되어야겠다'고 생각한다.

Track 22

핵심구문 ①
你能不能告诉我你的邮件地址?
저한테 이메일 주소 좀 알려주실 수 있으세요?

핵심구문 ②
我回公司后再告诉你吧。
회사에 들어가서 다시 알려드릴게요.

핵심구문 ③
今天下午能写得完。
오늘 오후에 다 쓸 수 있습니다.

Biz 맛있는 단어

Track 23

能	néng	[조동] ~할 수 있다
不能 bù néng ~할 수 없다		
告诉	gàosu	[동] 알리다
邮件	yóujiàn	[명] 이메일
伊妹儿 yīmèir 이메일		
地址	dìzhǐ	[명] 주소
发	fā	[동] 보내다, 발송하다
短信	duǎnxìn	[명] 문자 메시지
知道	zhīdào	[동] 알다
传真	chuánzhēn	[명] 팩스
销量	xiāoliàng	[명] 판매량
分析	fēnxī	[동] 분석하다
报告	bàogào	[명] 보고서 [동] 보고하다
写	xiě	[동] 쓰다
完	wán	[동] 마치다, 완성하다
之前	zhīqián	[명] ~전에, ~이전
面试之前 miànshì zhīqián 면접 전에 | 下班之前 xiàbān zhīqián 퇴근 전에		
一定	yídìng	[부] 반드시
先	xiān	[부] 먼저, 우선
出去	chūqu	[동] 나가다
走	zǒu	[동] 가다, 떠나다

4과 我给你发短信吧。• 45

맛있는 회화 Biz

상황1 이메일 주소 묻기　Track 24

客　户　**你能不能告诉我你的邮件地址?**
　　　　Nǐ néng bu néng gàosu wǒ nǐ de yóujiàn dìzhǐ?

金成功　**可以。我给你发短信吧。**
　　　　Kěyǐ. Wǒ gěi nǐ fā duǎnxìn ba.

客　户　**好的。**
　　　　Hǎo de.

상황2 팩스 번호 묻기　Track 25

客　户　**金代理，你知道周总那儿的传真号码吗?**
　　　　Jīn dàilǐ, nǐ zhīdào Zhōu zǒng nàr de chuánzhēn hàomǎ ma?

金成功　**我现在在外边，我回公司后再告诉你吧。**
　　　　Wǒ xiànzài zài wàibian, wǒ huí gōngsī hòu zài gàosu nǐ ba.

客　户　**好的。我等你的电话。**
　　　　Hǎo de. Wǒ děng nǐ de diànhuà.

Tip

+ **조동사 能**

조동사 能은 육체적·지능적 능력, 조건, 환경의 허락을 나타냅니다.

后天我能来。 모레 제가 올 수 있어요. (환경의 허락)
Hòutiān wǒ néng lái.

他能游五百米。 그는 수영해서 500미터 갈 수 있어요. (육체적 능력)
Tā néng yóu wǔbǎi mǐ.

＊米 mǐ 양 미터

+ **이중 목적어를 갖는 동사**

이중 목적어를 갖는 동사는 상황에 따라 목적어를 두 개 다 동반하기도 하고, 하나만 동반하기도 한다. 대표적으로 이중 목적어를 갖는 동사는 다음과 같다.

教 jiāo 가르치다 | 告诉 gàosu 알리다, 통지하다 | 借 jiè 빌리다 | 还 huán 돌려주다 |
给 gěi 주다 | 送 sòng 보내다 | 问 wèn 묻다 | 找 zhǎo 거슬러주다

| Dialogue

상황3 이메일 요청하기 Track 26

韩 新   销量分析报告，写好了没有?
         Xiāoliàng fēnxī bàogào, xiěhǎo le méiyou?

金成功   还没写完。今天下午能写得完❶。
         Hái méi xiěwán. Jīntiān xiàwǔ néng xiě de wán.

韩 新   那你写完报告后给我发邮件，好吗?
         Nà nǐ xiěwán bàogào hòu gěi wǒ fā yóujiàn, hǎo ma?

金成功   好的。我下班之前一定发给您。
         Hǎo de. Wǒ xiàbān zhīqián yídìng fā gěi nín.

韩 新   嗯，那我先出去了。
         Ǹg, nà wǒ xiān chūqu le.

金成功   部长，您走好!
         Bùzhǎng, nín zǒuhǎo!

Biz 맛있는 어법

| Grammar

❶ 가능보어(可能补语)

① 어떤 동작이나 상태가 일어날 가능성이 있는지를 알아보는 보어를 말합니다. 결과보어와 방향보어만 가능보어로 쓰일 수 있습니다.

긍정형 주어 + 동사 + 得 + 결과보어/방향보어

去北京的机票买得到。 베이징에 가는 비행기 표를 살 수 있어요.
Qù Běijīng de jīpiào mǎi de dào.

今天下午我回得来。 오늘 오후에 저는 돌아올 수 있어요.
Jīntiān xiàwǔ wǒ huí de lái.

* 机票 jīpiào 명 비행기 표

부정형 주어 + 동사 + 不 + 결과보어/방향보어

我们拿不动这张桌子。 우리는 이 책상을 들 수 없습니다.
Wǒmen ná bu dòng zhè zhāng zhuōzi.

他病了,上不了班。 그는 병이 나서 출근할 수 없습니다.
Tā bìng le, shàng bu liǎo bān.

* 拿不动 ná bu dòng (무거워서) 들 수 없다
* 病 bìng 명 병, 질병 동 병나다

의문형 주어 + 가능보어 + 吗?/가능보어의 정반형?

你听得懂他的话吗? 당신은 그의 말을 알아들을 수 있나요?
Nǐ tīng de dǒng tā de huà ma?

这种产品你买得到买不到? 이 제품을 당신은 살 수 있나요, 없나요?
Zhè zhǒng chǎnpǐn nǐ mǎi de dào mǎi bu dào?

② 가능보어는 단순히 가능이나 불가능의 뜻만 나타내기 때문에, 실제로 그 가능성을 실현할 수 있는 능력이 있다고 표현할 때는 조동사 能이나 可以를 씁니다. 그러나 부정형에는 조동사를 쓸 수 없습니다.

凌晨五点你能起得来吗? 새벽 5시에 일어날 수 있나요?
Língchén wǔ diǎn nǐ néng qǐ de lái ma?

你的车可以修得好。 손님 차는 수리할 수 있습니다.
Nǐ de chē kěyǐ xiū de hǎo.

* 凌晨 língchén 명 새벽
* 修 xiū 동 수리하다, 고치다

Biz 맛있는 문장 연습

| Practice of Sentences

Track 27

1 我给你 发短信 吧。

打电话　dǎ diànhuà 전화를 걸다
买衣服　mǎi yīfu 옷을 사다
发传真　fā chuánzhēn 팩스를 보내다
送雨伞　sòng yǔsǎn 우산을 주다

2 我 回公司 后再告诉你吧。

回家　　huíjiā 집에 가다
到那儿　dào nàr 그곳에 도착하다
回国　　huíguó 귀국하다
问他　　wèn tā 그에게 묻다

3 今天下午 能写得完。

下班之前　　　xiàbān zhīqián 퇴근 전
晚上十二点之前　wǎnshang shí'èr diǎn zhīqián 밤 12시 전
下星期　　　　xià xīngqī 다음 주
今年　　　　　jīnnián 올해

연습 문제

1 녹음을 잘 듣고 다음 내용에 맞는 그림을 고르세요. Track 28

A

B

C

D

❶   ❷

2 서로 어울리는 대화끼리 연결하세요.

❶ 那我先出去了。　　　　　　　•　　•　A 好的。我下班之前发给您。

❷ 销量分析报告，写好了没有？　•　　•　B 您走好！

❸ 我回公司后再告诉你吧。　　　•　　•　C 还没写完。

❹ 你写完报告后给我发邮件，好吗？ •　•　D 好的。我等你的电话。

| Exercise

3 빈칸에 들어갈 알맞은 단어를 고르세요.

| 给 | 在 | 一定 | 对 | 的 |

❶ 我回家之前_____发给您。

❷ 我_____你发短信吧。

❸ 你能不能告诉我你_____邮件地址?

❹ 我现在_____外边。

4 다음을 중국어로 써 보세요.

❶ 저한테 김 대리 이메일 주소를 알려주시겠어요?

　➡ _____

❷ 제가 그들 회사에 도착한 후에 알려드릴게요.

　➡ _____

❸ 오늘 밤에는 다 쓸 수 있어요.

　➡ _____

❹ 그럼 저 먼저 집에 갈게요.

　➡ _____

 플러스 표현

● 직장 생활 10계명

- 出门照照镜子，给自己一个自信的微笑。
  Chūmén zhàozhao jìngzi, gěi zìjǐ yí ge zìxìn de wēixiào.
  집을 나서기 전에 거울에 비춰 본 후, 스스로에게 자신 있는 미소를 지어라.

- 主动、付出，别陪着人冷场。
  Zhǔdòng, fùchū, bié péizhe rén lěngchǎng.
  주동적으로 행동하고 노력하되, 다른 사람을 맞추느라 분위기를 어색하게 만들지 마라.

- 善于发现别人优点。 다른 사람의 장점을 발견하라.
  Shànyú fāxiàn biérén yōudiǎn.

- 赞美。 Zànměi. 칭찬하라

- 接受别人递过来的零食。
  Jiēshòu biérén dì guòlai de língshí.
  다른 사람이 주는 주전부리를 받아라.

- 多请人帮你小忙。
  Duō qǐng rén bāng nǐ xiǎománg.
  다른 사람에게 작은 도움을 많이 받아라.

▲ 出门照照镜子，给自己一个自信的微笑。

- 用心倾听，不打断对方的话。
  Yòngxīn qīngtīng, bù dǎduàn duìfāng de huà.
  진심으로 경청하고, 상대방의 말을 끊지 마라.

- 说话有力，能感受到自己声音的感染力。
  Shuōhuà yǒulì, néng gǎnshòu dào zìjǐ shēngyīn de gǎnrǎnlì.
  힘 있게 말하고, 자신의 목소리가 내는 호소력을 느껴라.

- 说话之前，先考虑对方的感觉。
  Shuōhuà zhīqián, xiān kǎolǜ duìfāng de gǎnjué.
  말하기 전에 먼저 상대방의 기분을 고려하라.

- 站在上司的立场上想问题，
  Zhànzài shàngsī de lìchǎng shang xiǎng wèntí,
  站在自己的立场上办事情。
  zhànzài zìjǐ de lìchǎng shang bàn shìqing.
  상사의 입장에서 문제를 생각하고, 자신의 위치에서 일을 처리하라.

▲ 赞美。

他正在开会。
Tā zhèngzài kāihuì.
그는 회의 중입니다.

통신 수단

- **상황1** 내선으로 돌릴 때
- **상황2** 부재 중 메시지를 남길 때
- **상황3** 메시지 내용을 전달할 때

— 진행문 | 겸어문(兼语句)

바이어를 상대할 때는 역시나 전화로 얘기할 때가 힘들다. 특히 중국 바이어와 전화로 이야기할 때는 지방마다 각기 다른 표준어를 구사하기 때문에 중요한 숫자나 고유명사는 반드시 메모해 놓아야지, 그렇지 않으면 실수하기 딱 좋다.

Track 29

핵심구문 ❶
请转307分机。
307번으로 돌려 주세요.

핵심구문 ❷
他正在开会，现在不能接电话。
그는 회의 중이라, 지금 전화를 받을 수가 없습니다.

핵심구문 ❸
知道了，我马上给她回电话。
알겠어요. 바로 그녀에게 전화할게요.

맛있는 단어

- 胜利服装有限公司 Shènglì Fúzhuāng Yǒuxiàn Gōngsī
  고유 승리어패럴
- 转 zhuǎn 동 바꾸다, 전환하다
- 分机 fēnjī 명 내선
- 正在 zhèngzài 부 한창 ~하는 중이다
  正在吃饭 zhèngzài chīfàn 밥을 먹고 있는 중이다
- 开会 kāihuì 동 이합 회의하다
- 接 jiē 동 맞이하다, (전화를) 받다
  去机场接客人 qù jīchǎng jiē kèrén 공항으로 손님을 마중가다
  接电话 jiē diànhuà 전화를 받다
- 留言 liúyán 동 메모를 남기다
- 讲 jiǎng 동 말하다
- 刚才 gāngcái 명 방금
  刚 gāng 막
- 上海 Shànghǎi 고유 상하이
- 哦 ò 감탄 아!, 오! *깨달음을 나타냄
- 马上 mǎshàng 부 바로
- 釜山 Fǔshān 고유 부산
- 会议室 huìyìshì 명 회의실

맛있는 회화

상황1 내선으로 돌릴 때 Track 31

高笑美　喂！你好！这里是胜利服装有限公司。
Wéi! Nǐ hǎo! Zhèlǐ shì Shènglì Fúzhuāng Yǒuxiàn Gōngsī.

客　户　喂！请转307分机。
Wéi! Qǐng zhuǎn sān líng qī fēnjī.

高笑美　好的。请稍等。
Hǎo de. Qǐng shāo děng.

상황2 부재 중 메시지를 남길 때 Track 32

客　户　喂！金代理在吗？
Wéi! Jīn dàilǐ zài ma?

高笑美　他正在❶开会，现在不能接电话。
Tā zhèngzài kāihuì, xiànzài bù néng jiē diànhuà.

客　户　是吗？那我可以留言吗？
Shì ma? Nà wǒ kěyǐ liúyán ma?

高笑美　可以，请讲。
Kěyǐ, qǐng jiǎng.

Tip

➕ 상황의 변화를 나타내는 了

형용사, 동사, 명사, 수량사, '是/有+목적어' 뒤에 了가 동반되어 상황의 변화를 나타냅니다.

病好了。 병이 나았어요.
Bìng hǎo le.

涨价了。 물가가 올랐어요.
Zhǎngjià le.

周末了！ 주말이 되었어요!
Zhōumò le!

他现在是老板了。 그는 현재 사장님이 되었어요.
Tā xiànzài shì lǎobǎn le.

＊涨价 zhǎngjià 통 물가가 오르다

| Dialogue

상황3 메시지 내용을 전달할 때 Track 33

高笑美 　金代理，刚才上海的张总来电话了。
　　　　Jīn dàilǐ, gāngcái Shànghǎi de Zhāng zǒng lái diànhuà le.

金成功 　是吗？她说什么了？
　　　　Shì ma? Tā shuō shénme le?

高笑美 　她没说什么，就叫你给她回电话❷。
　　　　Tā méi shuō shénme, jiù jiào nǐ gěi tā huí diànhuà.

金成功 　哦，知道了，我马上给她回电话。
　　　　Ò, zhīdào le, wǒ mǎshàng gěi tā huí diànhuà.

高笑美 　啊，对了！从釜山来的客户在会议室等你。
　　　　À, duì le! Cóng Fǔshān lái de kèhù zài huìyìshì děng nǐ.

金成功 　好的，谢谢。
　　　　Hǎo de, xièxie.

맛있는 어법

| Grammar

❶ 진행문

진행부사 正, 在, 正在와 조사 呢를 써서 '어떤 동작을 하고 있는 중이다'라고 표현할 수 있습니다. 진행형 문장은 과거, 현재, 미래에 다 쓸 수 있습니다.

> 주어 + 正/在/正在 + 동사(+呢)

긍정 部长正等你呢。 부장님이 자네를 기다리고 있네.
Bùzhǎng zhèng děng nǐ ne.

부정 部长没等你，他正等小高呢。 부장님은 자네를 기다리는 게 아니라, 미스 고를 기다리고 있어.
Bùzhǎng méi děng nǐ, tā zhèng děng Xiǎo Gāo ne.

긍정 他们正在开会。 그들은 회의 중입니다.
Tāmen zhèngzài kāihuì.

부정 他们没开会，他们正在聊天。 그들은 회의를 하지 않고, 이야기를 나누고 있습니다.
Tāmen méi kāihuì, tāmen zhèngzài liáotiān.

주의 在를 쓰는 진행문은 부정할 때 在를 생략하지 않습니다.

他没在看书。 그는 책을 보고 있지 않아요.
Tā méi zài kàn shū.

❷ 겸어문(兼语句)

겸어문은 주어가 사역동사를 써서 다른 사람에게 어떤 일을 하도록 시키는 문장을 말합니다. 자주 쓰이는 사역동사에는 请(~를 초청해서 ~하게 하다), 让(~로 하여금 ~하게 하다), 叫(~가 ~하게끔 시키다), 使(~로 하여금 ~하게 하다)가 있습니다. *使는 주로 문어체에 쓰입니다.

> 我　请　你　吃饭。 제가 당신에게 식사를 대접할게요.
> 주어　사역동사　겸어　你가 하는 동작
> ↓
> 주어 '我' 로부터 초대를 받아 '吃饭'하는 주체

今天我请你们喝酒。 오늘은 제가 여러분에게 한 잔 사겠습니다.
Jīntiān wǒ qǐng nǐmen hē jiǔ.

部长叫我们去日本出差。 부장님께서는 저희에게 일본 출장을 가라고 하셨어요.
Bùzhǎng jiào wǒmen qù Rìběn chūchāi.

주의 让은 부정형으로 쓰여 '~가 ~하는 것을 허락하지 않다'의 뜻을 나타냅니다.

公司不让我们加班。 회사에서는 우리가 잔업을 하지 못하게 합니다.
Gōngsī bú ràng wǒmen jiābān.

Biz 맛있는 문장 연습

Practice of Sentences

Track 34

1 他正在 **开会** ，现在不能接电话。

吃饭　chīfàn 밥을 먹다
写报告　xiě bàogào 보고서를 쓰다
见客户　jiàn kèhù 바이어를 만나다
汇报　huìbào (관련 자료를 종합하여) 상사에게 보고하다

2 她叫你 **给她回电话** 。

给客户发传真　gěi kèhù fā chuánzhēn 고객에게 팩스를 보내다
去一趟中国　qù yí tàng Zhōngguó 중국에 한 번 다녀오다
回公司　huí gōngsī 회사로 돌아오다
去出差　qù chūchāi 출장을 가다

3 **从釜山来的客户** 在会议室等你。

张总　Zhāng zǒng 장 사장님
中国客户　Zhōngguó kèhù 중국 바이어
银行职员　yínháng zhíyuán 은행 직원
小金　Xiǎo Jīn 미스터 김, 미스 김

연습 문제

1 녹음을 잘 듣고 다음 내용에 맞는 그림을 고르세요. Track 35

A

B

C

D

❶ ☐   ❷ ☐

2 서로 어울리는 대화끼리 연결하세요.

❶ 你好！这里是胜利服装有限公司。 •   • A 哦，知道了。

❷ 她叫你给她回电话。 •   • B 可以，请讲。

❸ 那我可以留言吗？ •   • C 喂！金代理在吗？

❹ 她说什么了？ •   • D 她没说什么。

3 빈칸에 들어갈 알맞은 단어를 고르세요.

| 马上 | 刚才 | 离 | 稍 | 从 |

❶ _____北京的张总来电话了。

❷ _____釜山来的客户在会议室等你。

❸ 我_____给她回电话。

❹ 好的。请_____ 等。

4 다음을 중국어로 써 보세요.

❶ 여보세요, 369번으로 돌려 주세요.
 ➡ _____

❷ 사장님께서 회의 중이시라, 지금은 전화를 받으실 수가 없습니다.
 ➡ _____

❸ 메모를 남기셔도 됩니다.
 ➡ _____

❹ 방금 전에 장 사장님이 뭐라고 하셨나요?
 ➡ _____

플러스 표현

● 전화 예절

□ 他今天不上班。그는 오늘 출근을 안 했어요.
　Tā jīntiān bú shàngbān.

□ 他在外边，您就打他手机吧。
　Tā zài wàibian, nín jiù dǎ tā shǒujī ba.
　그는 외근 중이니, 휴대 전화로 전화하세요.

□ 老总在开会，您一个小时以后再打，好吗?
　Lǎo zǒng zài kāihuì, nín yí ge xiǎoshí yǐhòu zài dǎ, hǎo ma?
　사장님께서 회의 중이시니, 한 시간 후에 다시 전화하시겠어요?

□ 您要留言吗? 메모를 남기시겠어요?
　Nín yào liúyán ma?

□ 对不起，您再说一遍，好吗?
　Duìbuqǐ, nín zài shuō yí biàn, hǎo ma?
　죄송합니다, 다시 한 번 말씀해 주시겠어요?

▲ 您要留言吗?

▲ 您给我打电话了吗?

□ 张总，您给我打电话了吗?
　Zhāng zǒng, nín gěi wǒ dǎ diànhuà le ma?
　장 사장님, 저한테 전화하셨어요?

□ 我刚才不在办公室，没能接您的电话。
　Wǒ gāngcái bú zài bàngōngshì, méi néng jiē nín de diànhuà.
　제가 방금 사무실에 없어서 전화를 못 받았습니다.

□ 我昨天忘带手机了，没能接电话。
　Wǒ zuótiān wàng dài shǒujī le, méi néng jiē diànhuà.
　제가 어제 휴대 전화를 깜박하고 안 가지고 와서, 전화를 못 받았습니다.

□ 韩部长，您让我给您回电话，是吧?
　Hán bùzhǎng, nín ràng wǒ gěi nín huí diànhuà, shì ba?
　한 부장님, 저더러 전화해 달라고 하셨죠?

□ 那我先挂了。그럼 먼저 끊을게요.
　Nà wǒ xiān guà le.

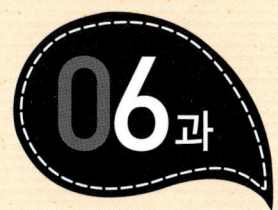

我比你小两岁。
Wǒ bǐ nǐ xiǎo liǎng suì.
제가 당신보다 두 살 어려요.

상황 1	나이 묻기
상황 2	띠 묻기
상황 3	신변잡기 묻기

— 의문부사 多로 묻는 의문문 | 比를 쓰는 비교문 | 수량보어(数量补语)

나같이 괜찮은 사나이를 보고 모태 솔로 같다니.
아니 나의 어딜 봐서? 물론 내가 왕자 기질과
일벌레 기질이 좀 있지만, 모든 이에게 따뜻하지 않은가!
내 나이 서른, 나도 이젠 애인이 있었으면 좋겠다.

Track 36

핵심구문 ❶

你今年多大了?
당신은 올해 나이가 어떻게 되세요?

핵심구문 ❷

我们俩都属鼠。
저희 둘 다 쥐띠예요.

핵심구문 ❸

我喜欢又漂亮又贤惠的。
저는 예쁘면서 현모양처 스타일을 좋아해요.

Biz 맛있는 단어

Track 37

- ☐☐ 多 duō 뷔 얼마나
- ☐☐ 大 dà 혱 나이가 많다
  - 小 xiǎo 나이가 어리다
- ☐☐ 周岁 zhōusuì 몡 만 나이
- ☐☐ 比 bǐ 쩬 ~보다
- ☐☐ 岁 suì 앙 나이
- ☐☐ 属 shǔ 튕 ~에 속하다, ~띠이다
- ☐☐ 鼠 shǔ 몡 쥐
- ☐☐ 俩 liǎ 쉬 두 개, 두 사람
- ☐☐ 轮 lún 앙 순환되는 사물이나 동작에 쓰임
- ☐☐ 这么 zhème 때 이렇게
- ☐☐ 帅 shuài 혱 멋있다, 잘생기다
- ☐☐ 女朋友 nǚpéngyou 몡 여자 친구(애인)
  - 女的朋友 nǚ de péngyou 여성 친구 | 男朋友 nánpéngyou 남자 친구(애인) | 男的朋友 nán de péngyou 남성 친구
- ☐☐ 眼光 yǎnguāng 몡 안목, 식견
- ☐☐ 也不是 yě bú shì 꼭 그런 것은 아니다
- ☐☐ 什么样 shénmeyàng 때 어떠한, 어떤 모양
- ☐☐ 姑娘 gūniang 몡 아가씨
- ☐☐ 又……又…… yòu……yòu…… ~하면서 ~하다 *又 뒤에 주로 형용사가 동반 됨
  - 又年轻又漂亮 yòu niánqīng yòu piàoliang 젊고 예쁘다
- ☐☐ 漂亮 piàoliang 혱 예쁘다
- ☐☐ 贤惠 xiánhuì 혱 품성이 곱다, 현숙하다

Biz 맛있는 회화

상황1 나이 묻기 Track 38

高笑美 金代理，你今年多❶大了?
Jīn dàilǐ, nǐ jīnnián duō dà le?

金成功 我今年二十九周岁了。你比❷我小吧?
Wǒ jīnnián èrshíjiǔ zhōusuì le. Nǐ bǐ wǒ xiǎo ba?

高笑美 我比你小两岁❸。
Wǒ bǐ nǐ xiǎo liǎng suì.

상황2 띠 묻기 Track 39

高笑美 你知道韩部长属什么吗?
Nǐ zhīdào Hán bùzhǎng shǔ shénme ma?

金成功 韩部长属鼠，我们俩都属鼠。
Hán bùzhǎng shǔ shǔ, wǒmen liǎ dōu shǔ shǔ.

高笑美 那他比你大十二岁，对吗?
Nà tā bǐ nǐ dà shí'èr suì, duì ma?

金成功 对。他比我大一轮。
Duì. Tā bǐ wǒ dà yì lún.

Tip

➕ 是不是로 묻는 의문문

是不是는 주어 뒤, 동사 앞, 문장 끝에 위치하여 확인의 어감을 띱니다.

你是不是也去中国? 자네도 중국에 가지?
Nǐ shì bu shì yě qù Zhōngguó?

他是不是喜欢你? 그 친구가 당신을 좋아하죠?
Tā shì bu shì xǐhuan nǐ?

今天星期五，是不是? 오늘이 금요일, 맞죠?
Jīntiān xīngqīwǔ, shì bu shì?

| Dialogue

상황3 신변잡기 묻기 Track 40

高笑美 金代理，你这么帅，怎么没有女朋友呢?
Jīn dàilǐ, nǐ zhème shuài, zěnme méiyǒu nǚpéngyou ne?

金成功 我也不知道为什么。
Wǒ yě bù zhīdào wèishénme.

高笑美 你是不是眼光太高了?
Nǐ shìbushì yǎnguāng tài gāo le?

金成功 也不是。
Yě bú shì.

高笑美 那你喜欢什么样的姑娘?
Nà nǐ xǐhuan shénmeyàng de gūniang?

金成功 我喜欢又漂亮又贤惠的。
Wǒ xǐhuan yòu piàoliang yòu xiánhuì de.

高笑美 那还是你眼光高啊!
Nà háishi nǐ yǎnguāng gāo a!

Biz 맛있는 어법 | Grammar

❶ 의문부사 多로 묻는 의문문

多는 '多+형용사' 형식으로 쓰여 '키, 나이, 몸무게' 등을 묻습니다. '多+有+형용사' 형식으로도 쓰입니다.

키 你多高? 키가 어떻게 돼요?
Nǐ duō gāo?

몸무게 你多重? 몸무게가 어떻게 돼요?
Nǐ duō zhòng?

나이 你今年多大了? 올해 나이가 어떻게 되세요?
Nǐ jīnnián duō dà le?

* 重 zhòng 〔형〕 무겁다

❷ 比를 쓰는 비교문

比는 '~는 ~보다 ~하다'라는 의미로 사람 또는 사물의 성질이나 정도의 차이를 비교합니다. 比 뒤에는 수량보어가 동반되기도 합니다.

这件衣服比那件便宜一百块。 이 옷이 저 옷보다 백 위엔 싸요.
Zhè jiàn yīfu bǐ nà jiàn piányi yìbǎi kuài.

他跑得比我快。 그 친구가 나보다 빨리 달려요.
Tā pǎo de bǐ wǒ kuài.

* 便宜 piányi 〔형〕 (값이) 싸다

주의 비교문에는 부사 还, 更이 쓰이는데, 还를 쓰는 문장에는 반드시 비교 대상이 있어야 하고, 更은 단독으로 사용할 수 있습니다.

今天比昨天还热。 오늘이 어제보다 더 더워요.
Jīntiān bǐ zuótiān hái rè.

这边的房子更贵。 여기 집값이 훨씬 비싸요.
Zhèbian de fángzi gèng guì.

* 房子 fángzi 〔명〕 집, 건물

❸ 수량보어(数量补语)

수량보어는 술어 뒤에 놓여 사람이나 사물의 '키, 나이, 길이, 높이, 넓이, 깊이' 등을 나타내는 보어를 말합니다.

这个比那个贵一点儿。 이것은 저것보다 조금 비쌉니다.
Zhège bǐ nàge guì yìdiǎnr.

那个公司的产量比去年增加了30吨。 그 회사의 생산량은 작년보다 30톤 증가했습니다.
Nàge gōngsī de chǎnliàng bǐ qùnián zēngjiā le sānshí dūn.

* 产量 chǎnliàng 〔명〕 생산량
* 增加 zēngjiā 〔동〕 증가하다
* 吨 dūn 〔양〕 톤

Biz 맛있는 문장 연습

| Practice of Sentences

Track 41

1 我比你小 两 岁。

三 sān 3, 셋
六 liù 6, 여섯
八 bā 8, 여덟
十二 shí'èr 12, 열둘

2 韩部长属 鼠 ，我们俩都属 鼠 。

羊 yáng 양
兔 tù 토끼
猪 zhū 돼지
龙 lóng 용

羊 yáng 양
兔 tù 토끼
猪 zhū 돼지
龙 lóng 용

3 我喜欢又 漂亮 又 贤惠 的。

可爱 kě'ài 귀엽다
聪明 cōngming 똑똑하다
便宜 piányi 싸다
高 gāo 키가 크다

幽默 yōumò 유머가 있다
善良 shànliáng 착하다
好看 hǎokàn 예쁘다
瘦 shòu 마르다

연습 문제

1 녹음을 잘 듣고 다음 내용에 맞는 그림을 고르세요. Track 42

A 　　　B

C 　　　D

❶ 　　　❷

2 서로 어울리는 대화끼리 연결하세요.

❶ 你是不是眼光太高了?　　·　　　　·　A 我喜欢可爱的。

❷ 你比我小吧?　　　　　·　　　　·　B 对，他比我大一轮。

❸ 那你喜欢什么样的姑娘?　·　　　　·　C 也不是。

❹ 他比你大十二岁，对吗?　·　　　　·　D 我比你小三岁。

3 빈칸에 들어갈 알맞은 단어를 고르세요.

| 多 | 怎么样 | 又 | 怎么 | 都 |

❶ 你这么帅，_____没有女朋友呢?

❷ 我喜欢_____漂亮_____贤惠的。

❸ 小高，你今年_____大了?

❹ 我们俩 _____ 属鼠。

4 다음을 중국어로 써 보세요.

❶ 김 대리님 올해 나이가 어떻게 되세요?

　➡ _____

❷ 당신은 돼지띠죠?

　➡ _____

❸ 제가 허 대리보다 두 살 위입니다.

　➡ _____

❹ 저는 유머 감각이 있고 귀여운 사람이 좋더라고요.

　➡ _____

문화 속으로

● 인맥 만들기

　비즈니스에서 빼놓을 수 없는 것이 바로 인맥 만들기! 때문에 좋은 인맥을 만들기 위해서는 필수적으로 '눈도장'이 필요하다. 별거 아닌 것 같지만 영업을 하는 사람들이라면 이 '눈도장'을 위해 많은 공을 들여야 한다는 것을 잘 알 것이다.

　비즈니스의 필수품 '눈도장'은 중국에서도 마찬가지로 중시된다. 특히, 차(茶) 문화가 발달해 있는 남방 사람들은 '차 한 잔 하러 와요'라는 말을 자주 하는데, 이는 '만나서 이야기 좀 하죠'라는 뜻을 담고 있다. 그런데 재미있는 것은 중국인들은 독대보다는 여러 사람과 같이 만나는 것을 좋아한다는 점이다. 물론 단 둘이 만나서 해결해야 할 문제가 있을 때는 당연히 독대를 하겠지만, 평소에 가볍게 만날 때는 여럿이서 만나는 것을 즐긴다. 그리고 그 구성원은 각기 다른 분야에서 활동하는 인사일 확률이 높다.

▲ 인맥 관리에서 가장 중요한 눈도장

　그렇다면 왜 중국인들은 나와 별 상관없는 사람들과 같이 차를 마시며 한담을 나누는 것일까? 이들의 '티타임'에는 단순히 차를 마시는 것만 포함되어 있는 것이 아니라, 정보 교환의 '의도'가 포함되어 있기 때문이다. 그러니 이왕이면 내가 잘 모르는 분야의 사람을 만나 다양한 정보를 듣는 것이 훨씬 실속 있는 선택이 되는 것이다.

▲ 중국인들은 티타임을 통해 정보를 교환한다

　어떤 기회로 중요 인물과 눈도장을 찍었다면 '평소 관리'가 중요하다. 꼭 특별한 날을 정해 밥 한 번, 술 한 잔 하지 않더라도 시간 날 때마다 자주 들러 자신의 인상을 각인시켜 주는 것이야말로 참다운 '인맥 관리'라 할 수 있다. 중국에서 사업하는 사람 중에는 중국어가 능숙하지 않다는 이유로 몸을 사리고 소극적인 태도를 보이는 경우가 많은데, 중국어가 안 되더라도 틈틈이 중국 거래처에 들러 인사하고 그야말로 차 한 잔 마시고 오는 태도가 필요하다. 평소의 노력 없이 막상 급한 일이 생겼을 때 그들을 찾는다면 일의 해결에 별 도움이 안 된다.

　중국에서 일하다 보면 중국인의 손길이 필요할 때가 많다. 굳이 누군가의 도움의 손길이 아니어도 업무 중에 발생하는 이러저러한 일들을 순조롭게 해결하기 위해서는 평소에 그들과 '티타임'을 많이 갖도록 하자.

我去过三次中国。
Wǒ qùguo sān cì Zhōngguó.

저는 중국에 세 번 가 봤어요.

 사교

- 상황1 여행 경험을 물을 때
- 상황2 요리에 대해 이야기할 때
- 상황3 숫자에 대해 이야기할 때

— 동태조사 过

중국은 참 매력적인 나라다.

대학 시절 처음 중국에 갔을 때,

난 나와 중국 사이에 절절한 뭔가가 흐르고 있음을 느꼈다.

처음 먹어 보는 중국 음식임에도

입에 착착 감기던 향채(香菜)의 맛이라니~~

인연이란 사람과 사람 사이에만 존재하는 것은 아닌가 보다.

Track 43

핵심구문 ❶

我去过三次中国。
저는 중국에 세 번 가 봤어요.

핵심구문 ❷

我觉得川菜最好吃。
저는 쓰촨 요리가 가장 맛있더라고요.

핵심구문 ❸

这个跟我们不一样。
이건 우리랑 다르군요.

맛있는 단어

- 过　　guo　　조 ~한 적이 있다
  去过 qùguo 가 본 적 있다 | 看过 qùguo 본 적 있다 | 吃过 chīguo 먹어 본 적 있다 | 听过 tīngguo 들은 적 있다

- 特　　tè　　부 특별히
- 菜系　　càixì　　명 요리의 계통
- 川菜　　Chuāncài　　명 쓰추안 요리
  鲁菜 Lǔcài 산동 요리 | 湘菜 Xiāngcài 후난 요리 | 徽菜 Huīcài 안훼이 요리 | 浙菜 Zhècài 저지앙 요리 | 苏菜 Sūcài 지앙쑤 요리 | 粤菜 Yuècài 광동 요리 | 闽菜 Mǐncài 푸지엔 요리

- 单数　　dānshù　　명 홀수
  整数 zhěngshù 정수 | 分数 fēnshù 분수 | 倍数 bèishù 배수 | 序数 xùshù 서수 | 小数 xiǎoshù 소수

- 双数　　shuāngshù　　명 짝수
- 和　　hé　　전 ~와 접 그리고
- 一样　　yíyàng　　형 같다
  一般 yìbān 같다, 엇비슷하다 | 不一样 bù yíyàng 다르다

- 跟……一样　　gēn……yíyàng　　~와 같다
  跟……不一样 gēn……bù yíyàng ~와 다르다

- 文化　　wénhuà　　명 문화
- 差异　　chāyì　　명 차이, 다른점

7과 我去过三次中国。• 75

Biz 맛있는 회화

상황1 여행 경험을 물을 때 　Track 45

高笑美　你去过❶几次中国?
　　　　Nǐ qùguo jǐ cì Zhōngguó?

金成功　我去过三次中国。
　　　　Wǒ qùguo sān cì Zhōngguó.

高笑美　你觉得中国怎么样?
　　　　Nǐ juéde Zhōngguó zěnmeyàng?

金成功　非常好,我特喜欢中国。
　　　　Fēicháng hǎo, wǒ tè xǐhuan Zhōngguó.

상황2 요리에 대해 이야기할 때 　Track 46

金成功　中国有八大菜系吧?
　　　　Zhōngguó yǒu bā dà càixì ba?

高笑美　对。你觉得哪个菜系最好吃?
　　　　Duì. Nǐ juéde nǎge càixì zuì hǎochī?

金成功　我觉得川菜最好吃。
　　　　Wǒ juéde Chuāncài zuì hǎochī.

Tip

+ 동량보어(动量补语)

'동작의 횟수'를 표현할 때, 동사 뒤에 동량보어를 씁니다. 동량보어는 동량사가 보어 역할을 하는 것을 말합니다.

他去过两次新加坡。 그는 싱가포르에 두 번 가 봤어요. (次 ▶ 동작의 횟수를 나타냄)
Tā qùguo liǎng cì Xīnjiāpō.

这部电影我看了两遍。 나는 이 영화를 두 번 봤어요. (遍 ▶ 영화나 책 보기, 말하기 등 전 과정을 가리킴)
Zhè bù diànyǐng wǒ kàn le liǎng biàn.

你尝一下我做的菜。 당신 제가 만든 요리 맛 좀 보세요. (下 ▶ 짧은 시간 동안 하는 가벼운 동작에 쓰임)
Nǐ cháng yíxià wǒ zuò de cài.

＊新加坡 Xīnjiāpō 고유 싱가포르

| Dialogue

상황3 숫자에 대해 이야기할 때 Track 47

金成功 中国人喜欢单数还是双数?
Zhōngguórén xǐhuan dānshù háishi shuāngshù?

高笑美 我们喜欢双数。
Wǒmen xǐhuan shuāngshù.

金成功 我的中国朋友说，中国人最喜欢"6和8"，对吗?
Wǒ de Zhōngguó péngyou shuō, Zhōngguórén zuì xǐhuan "liù hé bā", duì ma?

高笑美 对。那你们韩国人呢?
Duì. Nà nǐmen Hánguórén ne?

金成功 我们就喜欢单数。
Wǒmen jiù xǐhuan dānshù.

高笑美 这个跟我们不一样，这就叫文化差异。
Zhège gēn wǒmen bù yíyàng, zhè jiù jiào wénhuà chāyì.

7과 我去过三次中国。• 77

Biz 맛있는 어법

| Grammar

① 동태조사 过

과거에 '어떤 일을 한 적이 있다'라는 경험을 말할 때, 동사나 형용사 뒤에 동태조사 过를 붙입니다. 过를 쓰는 문장에는 과거를 나타내는 시간사나 부사 曾经이 자주 등장하고, 동작의 횟수를 표현하는 동량보어가 동반되기도 합니다.

> 주어 + 동사/형용사 + 过 + 동량보어(+목적어)

他去过两次北京。 그는 베이징에 두 번 가 봤어요.
Tā qùguo liǎng cì Běijīng.

曾经我也年轻过。 예전엔 나도 젊었단다.
Céngjīng wǒ yě niánqīngguo.

* 曾经 céngjīng 튀 일찍이, 이전에
* 年轻 niánqīng 휑 젊다, 어리다

> 주어 + 동사 + 过 + 인칭대명사 목적어 + 동량보어

我问过他一次。 저는 그에게 물어본 적이 있어요.
Wǒ wènguo tā yí cì.

주의 이합사와 쓰일 때 过는 이합사의 동사 부분 뒤에 위치합니다.

我也跟她聊过天。 나도 그녀랑 얘기를 나눈 적이 있어요.
Wǒ yě gēn tā liáoguo tiān.

> **부정형** 주어 + 没 + 동사 + 过 + 동량보어

我没去过中国。 저는 중국에 가 본 적이 없어요.
Wǒ méi qùguo Zhōngguó.

我没见过他。 저는 그 사람을 만난 적이 없어요.
Wǒ méi jiànguo tā.

> **의문형** 주어 + 동사 + 过吗?/过没有?

你去过香港吗? 당신은 홍콩에 가 봤어요?
Nǐ qùguo Xiānggǎng ma?

他们公司的新产品你看过没有? 그 회사의 신제품을 본 적 있나요?
Tāmen gōngsī de xīnchǎnpǐn nǐ kànguo méiyou?

* 香港 Xiānggǎng 고유 홍콩

Biz 맛있는 문장 연습

| Practice of Sentences

Track 48

1 你去过几次 中国 ?

北京 Běijīng 베이징
上海 Shànghǎi 상하이
青岛 Qīngdǎo 칭다오
香港 Xiānggǎng 홍콩

2 我觉得 川菜 最好吃。

粤菜 Yuècài 광동 요리
鲁菜 Lǔcài 산동 요리
湘菜 Xiāngcài 후난 요리
苏菜 Sūcài 지앙쑤 요리

3 这个跟我们 不一样 。

一样 yíyàng 같다
差不多 chàbuduō 거의 비슷하다
不同 bùtóng 다르다
一模一样 yì mú yí yàng 완전히 똑같다

연습 문제

1 녹음을 잘 듣고 다음 내용에 맞는 그림을 고르세요. Track 49

A

B

C

D

❶   ❷

2 서로 어울리는 대화끼리 연결하세요.

❶ 你觉得中国怎么样?　　　•　　　• A 对。中国有八大菜系。

❷ 韩国人喜欢单数还是双数?　•　　　• B 我去过中国和日本。

❸ 你去过哪个国家?　　　•　　　• C 韩国人一般喜欢单数。

❹ 中国有八大菜系吧?　　•　　　• D 我觉得中国非常好。

| Exercise

3 빈칸에 들어갈 알맞은 단어를 고르세요.

```
次    遍    最    跟    喜欢
```

❶ 我特_____中国。

❷ 这个_____我们不一样。

❸ 他去过几_____上海？

❹ 我觉得川菜_____好吃。

4 다음을 중국어로 써 보세요.

❶ 홍콩에 몇 번 가 보셨어요?

➡ _____

❷ 저는 중국에 못 가 봤어요.

➡ _____

❸ 저는 광동 요리가 가장 맛있더라고요.

➡ _____

❹ 당신은 홀수가 좋아요, 짝수가 좋아요?

➡ _____

Biz 플러스 단어

● 중국의 행정 구역

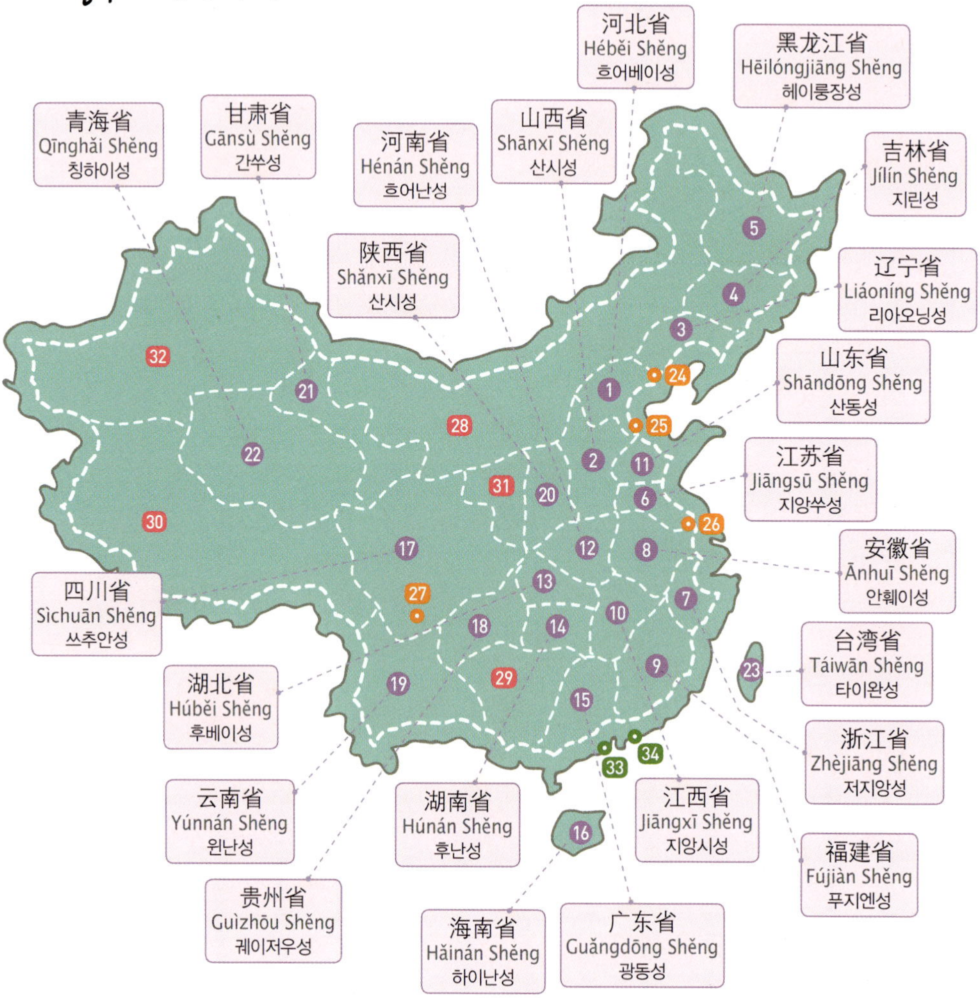

青海省 Qīnghǎi Shěng 칭하이성
甘肃省 Gānsù Shěng 간쑤성
河南省 Hénán Shěng 흐어난성
山西省 Shānxī Shěng 산시성
河北省 Héběi Shěng 흐어베이성
黑龙江省 Hēilóngjiāng Shěng 헤이룽장성
吉林省 Jílín Shěng 지린성
辽宁省 Liáoníng Shěng 리아오닝성
陕西省 Shǎnxī Shěng 산시성
山东省 Shāndōng Shěng 산둥성
江苏省 Jiāngsū Shěng 지앙쑤성
安徽省 Ānhuī Shěng 안훼이성
台湾省 Táiwān Shěng 타이완성
四川省 Sìchuān Shěng 쓰추안성
浙江省 Zhèjiāng Shěng 저지앙성
湖北省 Húběi Shěng 후베이성
福建省 Fújiàn Shěng 푸지엔성
云南省 Yúnnán Shěng 윈난성
湖南省 Húnán Shěng 후난성
江西省 Jiāngxī Shěng 지앙시성
贵州省 Guìzhōu Shěng 꿰이저우성
海南省 Hǎinán Shěng 하이난성
广东省 Guǎngdōng Shěng 광둥성

〈중국 4개의 직할시〉
㉔ 北京市 Běijīng Shì 베이징시
㉕ 天津市 Tiānjīn Shì 티엔진시
㉖ 上海市 Shànghǎi Shì 상하이시
㉗ 重庆市 Chóngqìng Shì 총칭시

〈중국 5개의 자치구〉
㉘ 内蒙古自治区 내몽고 자치구
  Nèiměnggǔ zìzhìqū
㉙ 广西壮族自治区 광시 주앙족 자치구
  Guǎngxī Zhuàngzú zìzhìqū
㉚ 西藏自治区 Xīzàng zìzhìqū 티베트 자치구
㉛ 宁夏回族自治区 닝시아 회족 자치구
  Níngxià Huízú zìzhìqū
㉜ 新疆维吾尔自治区 신지앙 위구르 자치구
  Xīnjiāng Wéiwú'ěr zìzhìqū

〈중국 2개의 특별 행정 구역〉
㉝ 澳门特别行政区 마카오 특별 행정구
  Àomén tèbié xíngzhèngqū
㉞ 香港特别行政区 홍콩 특별 행정구
  Xiānggǎng tèbié xíngzhèngqū

我是坐公共汽车来上班的。
Wǒ shì zuò gōnggòng qìchē lái shàngbān de.
저는 시내버스를 타고 출근해요.

 교통

상황 1 출퇴근 교통수단을 물을 때
상황 2 차가 막힐 때
상황 3 출퇴근 소요 시간을 물을 때

— 是……的 강조 용법 | 동태조사 着(1) |
시간보어(时间补语)

차 막히는 시간이 너무 아까워
대중교통을 이용한 지 반년.
처음에는 약간 불편하더니 이젠 너무 편하고 좋다.
그리고 또 한 가지! 환경 오염 방지에 조금이나마
도움을 주는 것 같아 자꾸만 뿌듯한 미소를 짓게 된다.

Track 50

핵심구문 1

我是坐公共汽车来上班的。
저는 시내버스를 타고 출근해요.

핵심구문 2

你们先吃吧，我马上到。
먼저 드세요, 금방 도착해요.

핵심구문 3

我走十分钟就能到公司。
저는 걸어서 10분이면 회사에 도착해요.

맛있는 단어

开	kāi	동 운전하다, 열다
是……的	shì……de	~한 것이다 *강조 용법
坐	zuò	동 타다
公共汽车	gōnggòng qìchē	명 시내버스

公交车 gōngjiāochē 시내버스

不如	bùrú	동 ~만 못하다
路上	lùshang	명 길 위, 도중
堵车	dǔchē	동 이합 차가 막히다
厉害	lìhai	형 대단하다, 심하다
客人	kèrén	명 손님, 고객
着	zhe	조 상태나 방식을 나타냄
附近	fùjìn	명 근처
分钟	fēnzhōng	명 분
小时	xiǎoshí	명 시간

钟头 zhōngtóu 시간

才	cái	부 비로소
辛苦	xīnkǔ	형 고생하다, 수고스럽다

辛苦了! Xīnkǔ le! 고생하셨습니다!

맛있는 회화

상황1 출퇴근 교통수단을 물을 때 (Track 52)

高笑美 你是开车来上班的❶吗?
Nǐ shì kāichē lái shàngbān de ma?

金成功 不是，我是坐公共汽车来上班的。
Bú shì, wǒ shì zuò gōnggòng qìchē lái shàngbān de.

高笑美 为什么不开车呢?
Wèishénme bù kāichē ne?

金成功 我觉得开车不如坐公共汽车快。
Wǒ juéde kāichē bùrú zuò gōnggòng qìchē kuài.

상황2 차가 막힐 때 (Track 53)

韩 新 金代理，你怎么还没到呢?
Jīn dàilǐ, nǐ zěnme hái méi dào ne?

金成功 路上堵车厉害，我正在出租车里。
Lùshang dǔchē lìhai, wǒ zhèngzài chūzūchē li.

韩 新 那怎么办? 客人都到了。
Nà zěnme bàn? Kèrén dōu dào le.

金成功 不好意思，你们先吃吧，我马上到。
Bù hǎoyìsi, nǐmen xiān chī ba, wǒ mǎshàng dào.

Tip

+ 不如를 쓰는 비교문

열등 비교를 나타내는 구문으로 어떤 사람이나 사물이 다른 한 사람이나 사물보다 못함을 표현합니다.

这件衣服不如那件好看。 이 옷은 저 옷보다 이쁘지 않아요.
Zhè jiàn yīfu bùrú nà jiàn hǎokàn.

坐火车不如坐飞机快。 기차 타는 것보다 비행기 타는 게 더 빨라요.
Zuò huǒchē bùrú zuò fēijī kuài.

| Dialogue

상황3 출퇴근 소요 시간을 물을 때 Track 54

金成功: 小高，你坐什么车来上班？
Xiǎo Gāo, nǐ zuò shénme chē lái shàngbān?

高笑美: 我不坐车，我走着❷来上班。
Wǒ bú zuò chē, wǒ zǒuzhe lái shàngbān.

金成功: 你家离公司近吗？
Nǐ jiā lí gōngsī jìn ma?

高笑美: 我家就在这儿附近，走十分钟❸就能到公司。
Wǒ jiā jiù zài zhèr fùjìn, zǒu shí fēnzhōng jiù néng dào gōngsī.

金成功: 这样啊！我坐一个小时地铁才能到公司。
Zhèyàng a! Wǒ zuò yí ge xiǎoshí dìtiě cái néng dào gōngsī.

高笑美: 是吗？你也太辛苦了。
Shì ma? Nǐ yě tài xīnkǔ le.

| Grammar

❶ 是……的 강조 용법

이미 발생한 시간, 지점, 방식 등을 강조할 때 쓰는 강조 구문입니다. 문장에서 是는 생략할 수 있습니다.

这是在免税店买的。 이것은 면세점에서 산 거예요.
Zhè shì zài miǎnshuìdiàn mǎi de.

中国客户是坐飞机来这儿的。 중국 바이어는 비행기를 타고 여기 왔어요.
Zhōngguó kèhù shì zuò fēijī lái zhèr de.

* 免税店 miǎnshuìdiàn 명 면세점

❷ 동태조사 着(1) ➡ 동작의 방식

동태조사 着는 동작의 방식 등을 표현합니다.

我们走着去吧。 우리 걸어가요.
Wǒmen zǒuzhe qù ba.

他经常牵着小狗去散步。 그는 자주 강아지를 데리고 산책을 갑니다.
Tā jīngcháng qiānzhe xiǎogǒu qù sànbù.

* 牵 qiān 동 끌다
* 小狗 xiǎogǒu 명 강아지
* 散步 sànbù 동 산책하다

❸ 시간보어(时间补语)

① 어떤 동작을 하는 데 걸리는 시간을 나타낼 때는 시간보어를 씁니다. 시간보어에는 동태조사 了가 쓰입니다. 또한 과거에서 시작해 현재까지 계속되고 있는 동작을 표현할 때는 문장 끝에도 了를 씁니다.

我等了一个小时。 저는 한 시간 동안 기다렸어요.
Wǒ děng le yí ge xiǎoshí.

她在中国住了一年了。 그녀는 중국에서 1년째 살고 있어요.
Tā zài Zhōngguó zhù le yì nián le.

② 자주 일어나거나 습관적인 동작을 할 때는 了를 쓰지 않습니다.

我每天跑两个小时。 나는 매일 두 시간씩 달립니다.
Wǒ měitiān pǎo liǎng ge xiǎoshí.

③ 목적어가 인칭대명사일 때는 시간보어가 목적어 뒤에 위치합니다.

部长等了你半天了。 부장님께서 한참 기다리셨어요.
Bùzhǎng děng le nǐ bàntiān le.

Biz 맛있는 문장 연습

| Practice of Sentences

Track 55

1 我是 坐公共汽车 来上班的。

骑自行车　qí zìxíngchē 자전거를 타다
坐地铁　　zuò dìtiě 지하철을 타다
坐火车　　zuò huǒchē 기차를 타다
开车　　　kāichē 차를 운전하다

2 你们先 吃 吧，我马上到。

进去　jìnqu 들어가다
看　　kàn 보다
聊　　liáo 한담하다, 이야기하다
点菜　diǎn cài 음식을 주문하다

3 我走 十分钟 就能到公司。

几分钟　　jǐ fēnzhōng 몇 분
半个小时　bàn ge xiǎoshí 반시간, 30분
一个钟头　yí ge zhōngtóu 한 시간
一会儿　　yíhuìr 잠깐

연습 문제

1 녹음을 잘 듣고 다음 내용에 맞는 그림을 고르세요. Track 56

A    B

C    D

❶   ❷

2 서로 어울리는 대화끼리 연결하세요.

❶ 客人都到了。　　　　　　　・　　　・　A 那你们先吃吧。

❷ 我坐一个小时地铁才能到公司。・　　　・　B 路上堵车厉害。

❸ 你坐什么车来上班?　　　　・　　　・　C 你也太辛苦了。

❹ 你怎么还没到呢?　　　　　・　　　・　D 我骑自行车来上班。

3 빈칸에 들어갈 알맞은 단어를 고르세요.

| 着 | 正在 | 马上 | 不如 | 过 |

❶ 我走_____来上班，我家离公司很近。

❷ 我_____出租车里。

❸ 我觉得开车_____坐公共汽车快。

❹ 你们先吃吧，我_____到。

4 다음을 중국어로 써 보세요.

❶ 저는 지하철을 타고 출근해요.

➡ _____

❷ 자전거를 타느니 차를 타는 게 빨라요.

➡ _____

❸ 우리 회사는 바로 이 근처예요.

➡ _____

❹ 저는 걸어서 5분이면 집에 도착해요.

➡ _____

플러스 단어

● 교통수단

火车 huǒchē 기차
公共汽车 gōnggòng qìchē 시내버스
长途汽车 chángtú qìchē 고속버스
地铁 dìtiě 지하철

▲ 公共汽车

▲ 三轮车

出租车 chūzūchē 택시
船 chuán 배
三轮车 sānlúnchē 삼륜차
自行车 zìxíngchē 자전거
摩托车 mótuōchē 오토바이

飞机 fēijī 비행기
游船 yóuchuán 유람선
磁浮列车 cífú lièchē 자기부상열차
卡车 kǎchē 트럭

▲ 磁浮列车

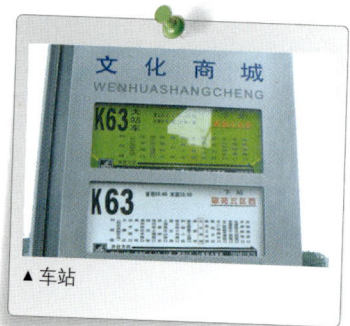
▲ 车站

坐车 zuò chē 차를 타다
换车 huàn chē 갈아타다
车站 chēzhàn 정류소
停车场 tíngchēchǎng 주차장

一直往前走很快就到。
Yìzhí wǎng qián zǒu hěn kuài jiù dào.

계속 앞으로 가시면 바로 도착해요.

교통

- 상황1 길 묻기
- 상황2 길을 잃었을 때
- 상황3 택시 타기
- 전치사 往 | 시간보어를 쓰는 문장의 의문문 | 得의 여러 가지 용법

여러분은 네비게이션의 안내를 받으면서도 엉뚱한 길로 들어서는 사람을 본 적 있나요? 제가 바로 그런 사람이에요. 오죽하면 친구들이 "무슨 남자가 그렇게 길치냐?"라고 했을 정도죠. 남자는 길치면 안 되나요? 친구들아~ 남자는 길치면 안 된다는 그런 고정 관념을 버려!

Track 57

핵심구문 ❶
先生，从这儿到那儿需要多长时间？
아저씨, 여기서 거기까지 얼마나 걸릴까요?

핵심구문 ❷
你们想去景福宫，得坐三号线。
경복궁에 가려면, 3호선을 타셔야 해요.

핵심구문 ❸
应该不会堵车。
안 막힐 거예요.

맛있는 단어

- 光化门 Guānghuàmén [고유] 광화문
- 广场 guǎngchǎng [명] 광장
- 一直 yìzhí [부] 계속
- 往 wǎng [전] ~쪽으로
  往东走 wǎng dōng zǒu 동쪽으로 가다 | 往南走 wǎng nán zǒu 남쪽으로 가다
- 需要 xūyào [동] 필요하다, (시간이) 걸리다
- 多长时间 duō cháng shíjiān 시간이 얼마나 걸리나요?
- 景福宫 Jǐngfúgōng [고유] 경복궁
- 得 děi [조동] ~해야만 한다
- 号线 hàoxiàn [명] 호선
  路 lù 버스 노선 번호
- 江南站 Jiāngnán Zhàn [고유] 강남역
- 南山 Nánshān [고유] 남산
- 号 hào [명] 번호, 호(수)
- 隧道 suìdào [명] 터널
- ……的话 ……dehuà ~한다면
- 不会 bú huì ~할 리가 없다
  不会吧! Bú huì ba! 그럴 리가 없어요!
- 过路人 guòlùrén [명] 행인
- 司机 sījī [명] 운전기사

Biz 맛있는 회화

상황1 길 묻기 Track 59

高笑美 请问，去光化门广场怎么走?
Qǐngwèn, qù Guānghuàmén Guǎngchǎng zěnme zǒu?

过路人 从这儿一直往❶前走很快就到。
Cóng zhèr yìzhí wǎng qián zǒu hěn kuài jiù dào.

高笑美 先生，从这儿到那儿需要多长时间❷?
Xiānsheng, cóng zhèr dào nàr xūyào duō cháng shíjiān?

过路人 走十分钟就能到。
Zǒu shí fēnzhōng jiù néng dào.

상황2 길을 잃었을 때 Track 60

高笑美 请问，景福宫在这附近吗?
Qǐngwèn, Jǐngfúgōng zài zhè fùjìn ma?

过路人 小姐，景福宫不在这儿。
Xiǎojiě, Jǐngfúgōng bú zài zhèr.

高笑美 啊? 我们走错路了?
Á? Wǒmen zǒucuò lù le?

过路人 你们想去景福宫，得❸坐三号线。
Nǐmen xiǎng qù Jǐngfúgōng, děi zuò sān hàoxiàn.

| Dialogue

상황3 택시 타기 Track 61

司机　**你好！先生，你要去哪儿？**
　　　Nǐ hǎo! Xiānsheng, nǐ yào qù nǎr?

金成功　**我去江南站。**
　　　Wǒ qù Jiāngnán Zhàn.

司机　**先生，你想走哪条路呢？**
　　　Xiānsheng, nǐ xiǎng zǒu nǎ tiáo lù ne?

金成功　**现在走南山三号隧道的话堵不堵车？**
　　　Xiànzài zǒu Nánshān sān hào suìdào dehuà dǔ bu dǔchē?

司机　**应该不会堵车。**
　　　Yīnggāi bú huì dǔchē.

金成功　**那好，我们走那条路吧。**
　　　Nà hǎo, wǒmen zǒu nà tiáo lù ba.

司机　**好的。**
　　　Hǎo de.

맛있는 어법 | Grammar

❶ 전치사 往

전치사 往은 '~쪽으로'라는 뜻으로 동작이 향하는 방향을 나타냅니다.

从这儿一直往前走。 여기서 앞쪽으로 계속 걸어가세요.
Cóng zhèr yìzhí wǎng qián zǒu.

我们迷路了，不知道该往哪儿走。 우리는 길을 잃어서 어디로 가야 할지 모르겠어요.
Wǒmen mílù le, bù zhīdào gāi wǎng nǎr zǒu.

* 迷路 mílù 통 길을 잃다
* 该 gāi 조통 ~해야 한다

❷ 시간보어를 쓰는 문장의 의문문

多长时间, 几年 등의 표현을 써서 어떤 동작을 하는 데 걸린 시간을 구체적으로 물을 수 있습니다.

从上海到北京要多长时间? 상하이에서 베이징까지 얼마나 걸리나요?
Cóng Shànghǎi dào Běijīng yào duō cháng shíjiān?

小高，你来韩国几年了? 미스 고, 한국에 온 지 몇 년 되었나요?
Xiǎo Gāo, nǐ lái Hánguó jǐ nián le?

❸ 得의 여러 가지 용법

① 동사 得(dé)는 '얻다, 획득하다, (병에) 걸리다'라는 의미를 나타냅니다.

我国足球队得了冠军。 우리나라 축구팀이 우승을 했어요.
Wǒ guó zúqiú duì dé le guànjūn.

张总得了癌症。 장 사장님께서 암에 걸리셨어요.
Zhāng zǒng dé le áizhèng.

* 足球队 zúqiú duì 명 축구팀
* 冠军 guànjūn 명 우승, 1등
* 癌症 áizhèng 명 암

② 조동사 得(děi)는 '~해야만 한다'라는 당위성을 나타냅니다.

贵公司得按时交货。 귀사에서는 제때에 납품을 하셔야 합니다.
Guì gōngsī děi ànshí jiāohuò.

你得去一趟中国。 자네 중국에 한 번 다녀와야겠네.
Nǐ děi qù yí tàng Zhōngguó.

* 按时 ànshí 부 제때에
* 趟 tàng 양 차례, 번

③ 조사 得(de)는 정도보어와 가능보어를 만들 때 동사와 보어 사이를 연결합니다.

你今天能回得来吗? 오늘 돌아올 수 있나요?
Nǐ jīntiān néng huí de lái ma?

他每天来得很早。 그는 매일 일찍 옵니다.
Tā měitiān lái de hěn zǎo.

맛있는 문장 연습
| Practice of Sentences

Track 62

1 请问, 去 **光化门广场** 怎么走?

中山公园　Zhōngshān Gōngyuán 중산공원
东方明珠　Dōngfāng Míngzhū 동방명주
故宫　　　Gùgōng 고궁
上海博物馆　Shànghǎi Bówùguǎn 상하이박물관

2 从这儿一直往 **前** 走很快就到。

东　dōng 동쪽
西　xī 서쪽
后　hòu 뒤쪽
右　yòu 오른쪽

3 我们走 **那条路** 吧。

这条路　zhè tiáo lù 이 길
机场高速　jīchǎng gāosù 공항 고속 도로
外环　wàihuán 외곽 순환 도로
沪杭高速　Hù-Háng gāosù 상하이–항저우 간 고속 도로

연습 문제

1 녹음을 잘 듣고 다음 내용에 맞는 그림을 고르세요. Track 63

A

B

C

D

❶   ❷

2 서로 어울리는 대화끼리 연결하세요.

❶ 从这儿到那儿需要多长时间？　•　　　•　A 景福宫在那边。

❷ 你知道景福宫在哪儿吗？　•　　　•　B 一直往前走。

❸ 现在走南山三号隧道堵不堵车？　•　　　•　C 走半个小时能到。

❹ 请问，去光化门广场怎么走？　•　　　•　D 不会堵车。

3 빈칸에 들어갈 알맞은 단어를 고르세요.

| 吗 | 呢 | 得 | 错 | 不 |

❶ 你们走_____路了。

❷ 小姐，景福宫_____在这儿。

❸ 先生，你想走哪条路_____？

❹ 你们想去景福宫，_____坐3号线。

4 다음을 중국어로 써 보세요.

❶ 말씀 좀 묻겠습니다, 남대문은 어떻게 가나요?   * 南大门 Nándàmén 고유 남대문

➡ _____

❷ 여기서 계속 서쪽으로 가세요.

➡ _____

❸ 김 대리님, 4호선을 타셔야 해요.

➡ _____

❹ 우리 이 길로 가죠.

➡ _____

플러스 표현

• 길 찾기

☐ 到了十字路口往右拐。 사거리에 도착하셔서 우회전하세요.
Dào le shízì lùkǒu wǎng yòu guǎi.

☐ 前边要掉头。 앞에서 U턴하셔야 해요.
Qiánbian yào diàotóu.

☐ 请问，这是什么地方？ 실례지만, 여기가 어디죠?
Qǐngwèn, zhè shì shénme dìfang?

☐ 这儿附近有公园吗？ 이 근처에 공원이 있나요?
Zhèr fùjìn yǒu gōngyuán ma?

☐ 你们走错了，应该往那边走。
Nǐmen zǒucuò le, yīnggāi wǎng nàbian zǒu.
길을 잘못 드셨네요, 당연히 저쪽으로 가셔야 해요.

☐ 我们迷路了。 저희가 길을 잃었어요.
Wǒmen mílù le.

▲ 前边要掉头。

▲ 我们迷路了。

☐ 请问一下，南京路在哪儿？
Qǐngwèn yíxià, Nánjīng Lù zài nǎr?
말씀 좀 묻겠습니다만, 난징루가 어디 있나요?

☐ 左边是外滩，对吗？ 왼쪽이 와이탄 맞나요?
Zuǒbian shì Wàitān, duì ma?

☐ 从这儿到那儿只有一两站路。
Cóng zhèr dào nàr zhǐyǒu yī-liǎng zhàn lù.
여기서 거기까지 겨우 한두 정거장 거리예요.

☐ 你过马路就能看到。
Nǐ guò mǎlù jiù néng kàndào.
길을 건너시면 바로 보실 수 있어요.

☐ 从这儿穿过去就是。 여기를 가로질러 가시면 돼요.
Cóng zhèr chuān guòqu jiùshì.

开会时间改了。
Kāihuì shíjiān gǎi le.
회의 시간이 바뀌었어요.

 회의

- 상황1 회의 시간 확인하기
- 상황2 회의 시간 변경하기
- 상황3 미팅 시간 확인하기

— 방향보어(趋向补语)

요즘 경기가 안 좋아지는 바람에 신제품 판매에 적신호가 켜져 대책 회의를 많이 하게 된다. IMF가 터진 이후 경기가 좋아졌다는 소리를 별로 들어본 적은 없지만, 그래도 잘되는 회사는 대박만 내던데. 김성공 기죽지 말고 앞으로 돌진!!!

핵심구문 ❶
下午三点半在第一会议室开会。
오후 3시 반에 제1회의실에서 회의합니다.

핵심구문 ❷
你快到会议室去吧。
얼른 회의실로 가 보세요.

핵심구문 ❸
他们说上午十点到我们公司。
그들은 오전 10시에 저희 회사에 도착한다고 합니다.

맛있는 단어

- 半 bàn ㈜ 반
  三点半 sān diǎn bàn 3시 반 | 一个半月 yí ge bàn yuè 한 달 반 | 三更半夜 sān gēng bàn yè 한밤중 | 等了半天 děng le bàntiān 한참을 기다리다

- 第一 dì-yī ㈜ 첫 번째, 맨 처음
  第一天 dì-yī tiān 첫째 날 | 第一时间 dì-yī shíjiān 가장 중요한 때 | 全班第一 quánbān dì-yī 반에서 1등

- 改 gǎi ⑧ 고치다, 바꾸다
- 改成 gǎichéng ⑧ 고쳐서 ~으로 하다
- 去 qù 동작이 화자로부터 멀어지다
- 过去 guòqu ⑧ 지나가다
- 回来 huílai ⑧ 돌아오다
- 过来 guòlai ⑧ 건너오다
- 早点 zǎodiǎn ㈜ 좀 일찍, 일찌감치

맛있는 회화

상황1 회의 시간 확인하기　Track 66

金成功　我们几点开会?
　　　　Wǒmen jǐ diǎn kāihuì?

高笑美　下午三点半在第一会议室开会。
　　　　Xiàwǔ sān diǎn bàn zài dì-yī huìyìshì kāihuì.

金成功　好的，知道了。
　　　　Hǎo de, zhīdào le.

상황2 회의 시간 변경하기　Track 67

高笑美　金代理，开会时间改了。
　　　　Jīn dàilǐ, kāihuì shíjiān gǎi le.

金成功　那么改成几点了?
　　　　Nàme gǎichéng jǐ diǎn le?

高笑美　两点半，你快到会议室去❶吧。
　　　　Liǎng diǎn bàn, nǐ kuài dào huìyìshì qù ba.

金成功　好的，我马上过去。
　　　　Hǎo de, wǒ mǎshàng guòqu.

| Dialogue

상황3 미팅 시간 확인하기　Track 68

金成功　部长，您明天去釜山出差，什么时候能回来?
　　　　Bùzhǎng, nín míngtiān qù Fǔshān chūchāi, shénme shíhou néng huílai?

韩　新　明天晚上能回来。
　　　　Míngtiān wǎnshang néng huílai.

金成功　您知道后天上午还要跟中国客户见面吧?
　　　　Nín zhīdào hòutiān shàngwǔ hái yào gēn Zhōngguó kèhù jiànmiàn ba?

韩　新　我知道。他们什么时候过来?
　　　　Wǒ zhīdào. Tāmen shénme shíhou guòlai?

金成功　他们说上午十点到我们公司。
　　　　Tāmen shuō shàngwǔ shí diǎn dào wǒmen gōngsī.

韩　新　那好。我明天早点回来吧。
　　　　Nà hǎo. Wǒ míngtiān zǎodiǎn huílai ba.

맛있는 어법 | Grammar

❶ 방향보어(趋向补语)

방향보어는 동작 뒤에 놓여 동작의 방향을 나타내는 보어를 말합니다. 방향보어에는 단순 방향보어인 来와 去, 방향동사로 된 단순 방향보어, 복합 방향보어가 있습니다. 복합 방향보어는 방향 동사 뒤에 단순 방향보어 来와 去를 붙여 동작을 구체적으로 표현합니다.

① 단순 방향보어

> 긍정형 주어 + 동사 + 来/去

金代理你过来吧。 김 대리 이리 오세요.
Jīn dàilǐ nǐ guòlai ba.

> 부정형 주어 + 不/没(有) + 동사 + 来/去

我没带钱来。 저는 돈을 안 가져왔어요.
Wǒ méi dài qián lái.

* 带 dài 동 (몸에) 지니다, 휴대하다

② 방향 동사로 된 단순 방향보어

> 주어 + 동사 + 上/下/进/出/回/过/起/到

小金走出办公室。 김 군은 사무실을 나갔어요.
Xiǎo Jīn zǒuchū bàngōngshì.

③ 복합 방향보어

> 주어 + 동사 + 上/下/进/出/回/过/起/到…… + 来/去

*起去는 조합할 수 없습니다.

孩子跑回来了。 아이가 뛰어 돌아왔어요.
Háizi pǎo huílai le.

	上	下	进	出	回	过	起	到
来 오다	上来 올라오다	下来 내려오다	进来 들어오다	出来 나오다	回来 돌아오다	过来 건너오다	起来 일어나다	到……来 ~로 오다
去 가다	上去 올라가다	下去 내려가다	进去 들어가다	出去 나가다	回去 돌아가다	过去 건너가다	X	到……去 ~로 가다

Biz 맛있는 문장 연습

| Practice of Sentences

Track 69

1 我们 　几点　 开会?
　　　什么时候　　shénme shíhou 언제
　　　哪天　　　　nǎ tiān 어느 날, 언제
　　　几号　　　　jǐ hào 며칠
　　　在哪儿　　　zài nǎr 어디서

2 你快到 　会议室　 去吧。
　　　　接待室　　　jiēdàishì 응접실
　　　　老总办公室　lǎozǒng bàngōngshì 사장실
　　　　车间　　　　chējiān 작업장
　　　　仓库　　　　cāngkù 창고

3 我明天早点 　回来　 吧。
　　　　　　　出发　　chūfā 출발하다
　　　　　　　回家　　huíjiā 귀가하다
　　　　　　　上班　　shàngbān 출근하다
　　　　　　　起床　　qǐchuáng 일어나다

연습 문제

1 녹음을 잘 듣고 다음 내용에 맞는 그림을 고르세요. Track 70

A

B

C

D

❶   ❷

2 서로 어울리는 대화끼리 연결하세요.

❶ 你快到会议室去吧。 •   • A 那么改成几点了？

❷ 他们什么时候过来？ •   • B 好的，我现在就去。

❸ 您今天晚上能回来吗？ •   • C 上午10点到我们公司。

❹ 金代理，开会时间改了。 •   • D 今天晚上不能回来。

| Exercise

3 빈칸에 들어갈 알맞은 단어를 고르세요.

| 点 时 了 吧 第 |

❶ 下午三点半在_____一会议室开会。

❷ 我明天早点回来_____。

❸ 好的，知道_____。

❹ 他们说上午九_____到我们公司。

4 다음을 중국어로 써 보세요.

❶ 오후 2시에 제2회의실에서 보는 게 어때요?

➡ _____

❷ 부장님, 언제 돌아오실 수 있으세요?

➡ _____

❸ 중국 바이어는 오전 11시에 저희 회사에 도착해요.

➡ _____

❹ 내일 조금 일찍 출근하세요.

➡ _____

플러스 단어

● 회의 · 미팅

召开 zhàokāi 열다, 개최하다
会议记录 huìyì jìlù 회의 기록
碰头会 pèngtóuhuì 간단한 회의
早会 zǎohuì 조회
例会 lìhuì 정기 회의

▲ 会议记录

▲ 博览会

董事会 dǒngshìhuì 이사회
研讨会 yántǎohuì 심포지엄
座谈会 zuòtánhuì 좌담회
博览会 bólǎnhuì 박람회
展览会 zhǎnlǎnhuì 전시회

欢迎辞 huānyíngcí 환영사
主席 zhǔxí 의장
主持人 zhǔchírén 사회자
讨论 tǎolùn 토론하다

▲ 主持人

▲ 发表

发表 fābiǎo 발표하다
延期 yánqī 연기하다
取消 qǔxiāo 취소하다
出席 chūxí 출석하다

我把资料放在会议室了。
Wǒ bǎ zīliào fàngzài huìyìshì le.
제가 자료를 회의실에 두었어요.

회의

- 상황 1 회의 자료 준비하기
- 상황 2 참가 인원 확인하기
- 상황 3 회의 안건에 대해 토론하기
- 把자문

우리 제품과 판매 전략이 제대로 맞아 떨어져,
불황인데도 판매량이 증가했다.
잘해 줘서 고맙다는 사장님의 격려에 힘이 불끈 솟는다.
직장 생활의 꽃은 영업이라고 했던 말이 생각난다.
이런 게 성취감이리라~

Track 71

핵심구문 ①
你把这些文件复印一下，好吗?
이 문서들 복사 좀 해 줄래요?

핵심구문 ②
我已经把它放在会议室了。
제가 이미 그것을 회의실에 갖다 놨어요.

핵심구문 ③
希望大家继续努力下去。
여러분이 계속 노력해 주시길 바랍니다.

Biz 맛있는 단어

把	bǎ	전 ~를
文件	wénjiàn	명 서류, 문건, 파일
复印	fùyìn	동 복사하다
份	fèn	양 부, 권
够	gòu	동 충분하다 부 제법, 비교적
参加	cānjiā	동 참가하다
股东大会	gǔdōng dàhuì	명 주주 총회
一共	yígòng	부 모두, 전부
放	fàng	동 놓다
讨论	tǎolùn	동 토론하다
季度	jìdù	명 분기
销量分析报告	xiāoliàng fēnxī bàogào	판매량 분석 보고서
同期	tóngqī	명 같은 시기, 동일한 시기
增加	zēngjiā	동 증가하다, 늘리다

减少 jiǎnshǎo 감소하다, 줄다

希望	xīwàng	동 희망하다
继续	jìxù	동 계속하다
努力	nǔlì	동 노력하다
下去	xiàqu	동 내려가다, 어떤 동작을 계속해 나가다

坚持下去 jiānchí xiàqu 계속 버텨 나가다 | 吃不下去 chī bu xiàqu 더는 먹을 수가 없다

加倍	jiābèi	동 갑절이 되게 하다 부 갑절로, 두 배로
会……的	huì……de	~할 것이다

맛있는 회화

상황 1 회의 자료 준비하기 Track 73

韩新 小高，你把❶这些文件复印一下，好吗?
Xiǎo Gāo, nǐ bǎ zhèxiē wénjiàn fùyìn yíxià, hǎo ma?

高笑美 好的。要复印几份?
Hǎo de. Yào fùyìn jǐ fèn?

韩新 复印十份够了。
Fùyìn shí fèn gòu le.

상황 2 참가 인원 확인하기 Track 74

韩新 今天要参加股东大会的人有多少?
Jīntiān yào cānjiā gǔdōng dàhuì de rén yǒu duōshao?

高笑美 一共二十个人。
Yígòng èrshí ge rén.

韩新 会议资料都准备好了吗?
Huìyì zīliào dōu zhǔnbèi hǎo le ma?

高笑美 我已经把它放在会议室了。
Wǒ yǐjing bǎ tā fàngzài huìyìshì le.

Tip

+ **백분율**

백분율은 '……分之(……fēn zhī)' 형식으로 씁니다.

20% ○ 百分之二十 bǎi fēn zhī èrshí
35.8% ○ 百分之三十五点八 bǎi fēn zhī sānshíwǔ diǎn bā
4% ○ 百分之四 bǎi fēn zhī sì
100% ○ 百分之一百 bǎi fēn zhī yìbǎi

| Dialogue

상황3 회의 안건에 대해 토론하기 Track 75

韩 新　今天我们讨论一下第一季度的销量。
　　　Jīntiān wǒmen tǎolùn yíxià dì-yī jìdù de xiāoliàng.

金成功　请大家看看，这是销量分析报告。
　　　Qǐng dàjiā kànkan, zhè shì xiāoliàng fēnxī bàogào.

李大福　今年第一季度的销量比去年同期增加了多少？
　　　Jīnnián dì-yī jìdù de xiāoliàng bǐ qùnián tóngqī zēngjiā le duōshao?

金成功　增加了20%
　　　Zēngjiā le bǎi fēn zhī èrshí.

李大福　哦！不错！希望大家继续努力下去。
　　　Ò! Búcuò! Xīwàng dàjiā jìxù nǔlì xiàqu.

金成功　我们会加倍努力的。
　　　Wǒmen huì jiābèi nǔlì de.

11과 我把资料放在会议室了。 · 117

Biz 맛있는 어법

| Grammar

❶ 把자문

① 把자문은 특정 목적어를 어떻게 조치했는지 강조하고자 할 때 씁니다. 把는 전치사로 쓰여 목적어를 동사 앞으로 끌어내주는 역할을 합니다. 把자문은 목적어에 어떤 조치를 한 후에 그 목적어의 위치나 상태가 변한 상황을 보여 줍니다.

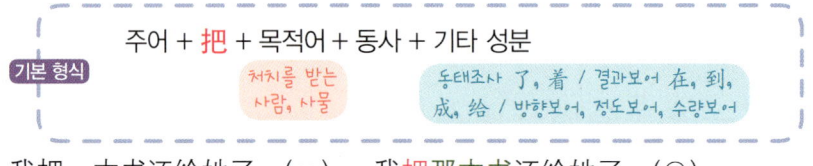

我把一本书还给她了。(×) → 我把那本书还给她了。(○)
　　　　　　　　　　　　　Wǒ bǎ nà běn shū huángěi tā le.
　　　　　　　　　　　　　나는 그 책을 그녀에게 돌려주었어요.

＊还给 huángěi
동 ~에게 돌려주다

주의 把자문은 목적어가 반드시 특정한 것이어야 합니다.

② 기타 성분에는 동태조사 了, 着, 결과보어 在, 到, 成, 给, 방향보어, 정도보어, 수량보어 등이 위치하며 在, 到, 成, 给가 결과보어로 쓰일 때는 반드시 把자문을 씁니다.

我把报告写完了。 저는 보고서를 다 썼어요.
Wǒ bǎ bàogào xiěwán le.

金代理，你把客户送到机场吧。 김 대리, 바이어를 공항까지 모셔다 드리세요.
Jīn dàilǐ, nǐ bǎ kèhù sòngdào jīchǎng ba.

③ 把자문은 동작을 종료한 후, 그 결과에 대해 이야기하는 것으로 확인할 수 없는 결과를 나타내는 동태조사 过나 조치할까 말까의 여부를 나타내는 가능보어 구조는 쓸 수 없습니다.

我把你的蛋糕吃过。(×) → 我把你的蛋糕吃了。(○) 제가 당신의 케이크를 먹었어요.
　　　　　　　　　　　　Wǒ bǎ nǐ de dàngāo chī le.

＊蛋糕 dàngāo 명 케이크

④ 일반적으로 부사, 조동사는 把 앞에 위치합니다.

我已经把火车票买到了。 저는 이미 기차표를 샀어요.
Wǒ yǐjing bǎ huǒchēpiào mǎidào le.

你可以把电脑放在这儿。 컴퓨터를 여기에 두셔도 됩니다.
Nǐ kěyǐ bǎ diànnǎo fàngzài zhèr.

⑤ 不와 没는 把 앞에 위치합니다.

不要把椅子搬到那儿。 의자를 저쪽으로 옮겨놓지 마세요.
Búyào bǎ yǐzi bāndào nàr.

他们没把货款给我。 그들은 저에게 물건 값을 주지 않았어요.
Tāmen méi bǎ huòkuǎn gěi wǒ.

＊货款 huòkuǎn 명 물건 값
＊搬 bān 동 옮기다

맛있는 문장 연습

| Practice of Sentences

1 我已经把 **它** 放在会议室了。

会议资料 huìyì zīliào 회의 자료
市场调查报告 shìchǎng diàochá bàogào 시장 조사 보고서
他的简历 tā de jiǎnlì 그의 이력서
报价单 bàojiàdān 견적서

2 今年第一季度的销量增加了 **20%**。

7% bǎi fēn zhī qī 7%
33% bǎi fēn zhī sānshísān 33%
50% bǎi fēn zhī wǔshí 50%
200% bǎi fēn zhī èrbǎi 200%

3 我们会 **加倍努力** 的。

回来 huílai 돌아오다
准备好 zhǔnbèi hǎo 준비를 잘하다
帮助他们 bāngzhù tāmen 그들을 돕다
赔偿 péicháng 배상하다

연습 문제

1 녹음을 잘 듣고 다음 내용에 맞는 그림을 고르세요. Track 77

A

B

C

D

❶ 　　❷

2 서로 어울리는 대화끼리 연결하세요.

❶ 这些文件要复印几份？　•　　　•　A 我把它放在桌子上了。

❷ 希望大家继续努力下去。　•　　　•　B 还没准备好呢。

❸ 你把资料放在哪儿了？　•　　　•　C 复印10份够了。

❹ 会议资料都准备好了吗？　•　　　•　D 我们会加倍努力的。

3 빈칸에 들어갈 알맞은 단어를 고르세요.

| 把 | 份 | 分 | 一下 | 请 |

❶ _____ 大家看看，这是销量分析报告。

❷ 今天我们讨论 _____ 第一季度的销量。

❸ 你 _____ 这些文件复印一下。

❹ 复印丨_____ 够不够?

4 다음을 중국어로 써 보세요.

❶ 김 대리, 회의 자료 좀 복사해 주겠어요?

➡ _____

❷ 이건 제가 쓴 보고서입니다.

➡ _____

❸ 여러분 준비는 다 되었나요?

➡ _____

❹ 자네 이 서류들을 내 책상에 놓아두게나.

➡ _____

플러스 표현

● 회의·보고

☐ 今天谁先汇报? 오늘 누가 먼저 보고하나요?
Jīntiān shéi xiān huìbào?

☐ 今天我们讨论什么?
Jīntiān wǒmen tǎolùn shénme?
오늘 우리는 무엇에 대해 토론하나요?

☐ 这是谁写的报告? 이것은 누가 쓴 보고서인가요?
Zhè shì shéi xiě de bàogào?

☐ 我来汇报一下第一季度的生产情况。
Wǒ lái huìbào yíxià dì-yī jìdù de shēngchǎn qíngkuàng.
제가 제1분기의 생산 상황에 대해 보고하겠습니다.

☐ 这是销售部调查的内容，请大家看一下。
Zhè shì xiāoshòubù diàochá de nèiróng, qǐng dàjiā kàn yíxià.
이것은 영업부에서 조사한 내용입니다, 모두 보시지요.

▲ 我来汇报一下第一季度的生产情况。

▲ 这次会议你们准备得很好。

☐ 这次会议你们准备得很好。
Zhècì huìyì nǐmen zhǔnbèi de hěn hǎo.
모두들 이번 회의 준비를 아주 잘했어요.

☐ 听到产品的销量不断增加的消息，
Tīngdào chǎnpǐn de xiāoliàng búduàn zēngjiā de xiāoxi,
我非常高兴。
wǒ fēicháng gāoxìng.
제품의 판매량이 부단히 증가한다는 소식을 들으니, 저는 정말 기쁩니다.

☐ 公司决定派模范员工去国外培训。
Gōngsī juédìng pài mófàn yuángōng qù guówài péixùn.
회사에서는 모범 직원을 외국으로 보내 교육시키기로 결정했습니다.

☐ 下午5点我们在第二会议室开部门会议。
Xiàwǔ wǔ diǎn wǒmen zài dì-èr huìyìshì kāi bùmén huìyì.
오후 5시에 우리는 제2회의실에서 부서 회의가 있습니다.

电脑被病毒感染了。
Diànnǎo bèi bìngdú gǎnrǎn le.
컴퓨터가 바이러스에 감염됐어요.

일상 업무

- 상황1 사무기기가 고장 났을 때
- 상황2 사무 용품 절약하기
- 상황3 컴퓨터가 바이러스에 감염됐을 때
- 형용사의 중첩 | 被자문

사람도 무리하면 병이 나는 것처럼
사무기기들이 병나는 것을 이해 못하는 것은 아니다.
그러나 건강했던 컴퓨터가 바이러스의 무차별한 침입으로 불치병에 걸리고,
게다가 그 안에 저장된 자료까지 날아가는 순간,
난 그만 패닉 상태가 되고 만다.

핵심구문 ❶

昨天还好好儿的，真奇怪！
어제만 해도 괜찮았는데, 정말 이상하네요.

핵심구문 ❷

这样可以节省打印纸。
이렇게 하면 프린트 용지를 절약할 수 있을 거예요.

핵심구문 ❸

我的电脑被病毒感染了。
컴퓨터가 바이러스에 감염됐어요.

맛있는 단어

Track 79

- ☐☐ 坏 huài 동 고장 나다 형 나쁘다
- ☐☐ 奇怪 qíguài 형 이상하다
- ☐☐ 张 zhāng 양 장 *책상, 종이, 표 등 넓고 평평한 면을 세는 단위

这张桌子 zhè zhāng zhuōzi 이 책상 | 一张报纸 yì zhāng bàozhǐ 신문 한 장 | 三张机票 sān zhāng jīpiào 비행기 표 세 장

- ☐☐ 打印纸 dǎyìnzhǐ 명 프린트 용지
- ☐☐ 打印 dǎyìn 동 프린트하다

打字 dǎzì 타자하다

- ☐☐ 一面 yímiàn 명 한 면, 단면
- ☐☐ 浪费 làngfèi 동 낭비하다
- ☐☐ 双面 shuāngmiàn 명 양면
- ☐☐ 主意 zhǔyi 명 생각, 아이디어
- ☐☐ 好主意 hǎo zhǔyi 좋은 생각, 멋진 생각
- ☐☐ 节省 jiéshěng 동 절약하다
- ☐☐ 电脑 diànnǎo 명 컴퓨터

笔记本电脑 bǐjìběn diànnǎo 노트북 컴퓨터 | 上网本 shàngwǎngběn 넷북

- ☐☐ 被 bèi 전 ~에게 ~당하다, ~로부터 ~당하다
*피동문에서 목적어를 이끌어냄

- ☐☐ 病毒 bìngdú 명 바이러스
- ☐☐ 感染 gǎnrǎn 동 감염되다
- ☐☐ 维修中心 wéixiū zhōngxīn 명 AS 센터
- ☐☐ 联系 liánxì 동 연락하다
- ☐☐ 修 xiū 동 수리하다, 고치다

修理 xiūlǐ 수리하다, 손질하다 | 维修 wéixiū 보수하다, 손보다

12과 电脑被病毒感染了。• 125

맛있는 회화

상황1 사무기기가 고장 났을 때 (Track 80)

金成功　复印机怎么坏了?
　　　　Fùyìnjī zěnme huài le?

高笑美　我也不知道。
　　　　Wǒ yě bù zhīdào.

金成功　昨天还好好儿❶的，真奇怪!
　　　　Zuótiān hái hǎohāor de, zhēn qíguài!

상황2 사무 용품 절약하기 (Track 81)

金成功　一张打印纸只打印一面是不是很浪费?
　　　　Yì zhāng dǎyìnzhǐ zhǐ dǎyìn yímiàn shì bu shì hěn làngfèi?

高笑美　那以后我们双面打印，怎么样?
　　　　Nà yǐhòu wǒmen shuāngmiàn dǎyìn, zěnmeyàng?

金成功　好主意! 这样可以节省打印纸。
　　　　Hǎo zhǔyi! Zhèyàng kěyǐ jiéshěng dǎyìnzhǐ.

| Dialogue

상황 3 컴퓨터가 바이러스에 감염됐을 때　Track 82

高笑美　你的电脑怎么了?
　　　　Nǐ de diànnǎo zěnme le?

金成功　我的电脑被❷病毒感染了。
　　　　Wǒ de diànnǎo bèi bìngdú gǎnrǎn le.

高笑美　是吗? 你跟维修中心联系了没有?
　　　　Shì ma? Nǐ gēn wéixiū zhōngxīn liánxì le méiyou?

金成功　联系了。他们说下午来修。
　　　　Liánxì le. Tāmen shuō xiàwǔ lái xiū.

高笑美　他们说可以修吗?
　　　　Tāmen shuō kěyǐ xiū ma?

金成功　他们说可以。
　　　　Tāmen shuō kěyǐ.

| Grammar

❶ 형용사의 중첩

① 형용사를 중첩하면 뜻이 강조됩니다. 1음절 형용사 중첩형에서 두 번째 음절은 1성이 됩니다.

你得好好工作。 당신은 열심히 일해야 해요.
Nǐ děi hǎohāo gōngzuò.

② 형용사 중첩형이 술어로 쓰일 때는 的를 동반합니다.

她的鼻子高高的，好看极了。 그녀의 코가 오똑하니 정말 예쁘네요.
Tā de bízi gāogāo de, hǎokàn jíle.

③ 1음절 형용사 중첩형(AA)이 부사어로 쓰일 때는 조사 地를 써도 되고 안 써도 되지만, 2음절 형용사 중첩형(AABB)이 부사어로 쓰일 때는 보통 地를 씁니다.

秋风轻轻(地)吹着。 가을 바람이 살랑살랑 부네요.
Qiūfēng qīngqīng (de) chuīzhe.

他高高兴兴地从外边进来了。 그는 즐거워하며 밖에서 들어왔습니다.
Tā gāogāoxìngxìng de cóng wàibian jìnlai le.

* 秋风 qiūfēng 명 가을 바람
* 轻 qīng 형 가볍다
* 吹 chuī 동 바람이 불다

❷ 被자문

① 被자문은 어떤 '사람'이나 '사물'이 원하지 않는 일을 '당했을 때' 쓰는 표현입니다. 被가 전치사로 쓰여 목적어를 동반합니다.

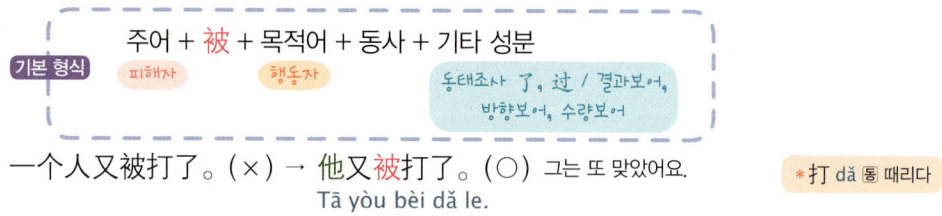

一个人又被打了。(×) → 他又被打了。(○) 그는 또 맞았어요.
　　　　　　　　　　　Tā yòu bèi dǎ le.

* 打 dǎ 동 때리다

주의 주어는 반드시 특정한 것이어야 하며, 목적어는 불특정하거나 모를 수도 있습니다.

② 被자문은 어떤 일을 당하고 난 후의 결과에 대해 이야기하는 것으로 지금 현재 당하고 있는 어감을 주는 동태조사 着나 당할까 말까를 나타내는 가능보어 구조는 쓸 수 없습니다.

他被别人骂着。(×) → 他被别人骂过。(○) 그는 남에게 욕을 먹은 적이 있어요.
　　　　　　　　　　Tā bèi biérén màguo.

* 骂 mà 동 욕하다

③ 不와 没는 被 앞에 놓입니다.

你的自行车没被他骑坏。 당신 자전거는 그 사람이 고장 내지 않았어요.
Nǐ de zìxíngchē méi bèi tā qíhuài.

Biz 맛있는 문장 연습

| Practice of Sentences

Track 83

1 复印机 怎么坏了?

打印机 dǎyìnjī 프린터
电脑 diànnǎo 컴퓨터
传真机 chuánzhēnjī 팩스
数码相机 shùmǎ xiàngjī 디지털카메라

2 这样可以节省 打印纸 。

原料 yuánliào 원료
资金 zījīn 자금
人力 rénlì 인력
经费 jīngfèi 경비

3 你跟 维修中心 联系了没有?

中国客户 Zhōngguó kèhù 중국 바이어
海关 hǎiguān 세관
供应商 gōngyìngshāng 공급 업체
制造商 zhìzàoshāng 제조사

연습 문제

1 녹음을 잘 듣고 다음 내용에 맞는 그림을 고르세요. Track 84

A

B

C

D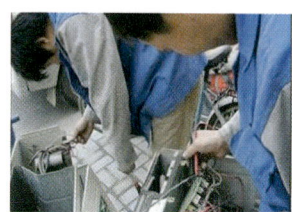

❶

❷

2 서로 어울리는 대화끼리 연결하세요.

❶ 你的电脑怎么了? ·   · A 他们说可以。

❷ 昨天还好好儿的。 ·   · B 好主意!

❸ 他们说可以修吗? ·   · C 被病毒感染了。

❹ 我们双面打印，怎么样? ·   · D 真奇怪!

3 빈칸에 들어갈 알맞은 단어를 고르세요.

| 怎么样 | 来 | 跟 | 谁 | 什么 |

❶ 他们说下午 _____ 修。

❷ _____ 的电脑被病毒感染了？

❸ 我们双面打印，_____ 。

❹ 好主意！你 _____ 维修中心联系吧。

4 다음을 중국어로 써 보세요.

❶ 어제만 해도 괜찮았는데, 오늘 왜 고장이 났을까요?

➡ _____

❷ 컴퓨터가 바이러스에 감염됐어요.

➡ _____

❸ 당신은 AS 센터에 연락했나요?

➡ _____

❹ 우리는 프린트 용지를 절약해야 해요.

➡ _____

Biz 플러스 단어

● 컴퓨터

上网 shàngwǎng 인터넷을 하다
下载 xiàzài 다운로드하다
上传 shàngchuán 업로드(upload)하다
密码 mìmǎ 비밀번호
用户名 yònghùmíng 사용자 아이디

▲ 上网

搜索 sōusuǒ 검색하다
杀毒软件 shādú ruǎnjiàn 바이러스 백신
网址 wǎngzhǐ 웹사이트 주소
网站 wǎngzhàn 웹사이트
视频 shìpín 동영상

▲ 网站

UCC视频 UCC shìpín UCC 동영상
电子游戏 diànzǐ yóuxì 컴퓨터 게임
扫描 sǎomiáo 스캐닝하다
上网聊天 shàngwǎng liáotiān 인터넷 채팅
追随者 zhuīsuízhě 추종자, 팔로워(follower)

▲ 扫描

注册 zhùcè 회원으로 가입하다, 등록하다
电脑死机了 diànnǎo sǐjī le 컴퓨터가 다운되다
推特 tuītè 트위터(twitter)
脸书 liǎnshū 페이스북(facebook)

▲ 脸书

您又升职了?
Nín yòu shēngzhí le?
또 승진하셨어요?

상황 1	휴가 신청하기
상황 2	임금 인상에 대해
상황 3	승진을 축하할 때

— 동사 听说 | 2음절 동사의 중첩 |
只要……就……

'천재는 노력하는 사람을 이길 수 없고,
노력하는 사람은 즐기는 사람을 이기지 못한다'라고 했던가!
전 차장님이 부장으로 파격 승진되면서,
우리 회사 최연소 부장님이 되셨다.
전 부장님이 정말 존경스럽다.

Track 85

핵심구문 ①
我想请两天假。
휴가를 이틀 냈으면 합니다.

핵심구문 ②
听说，明年公司要加工资。
내년에 회사에서 임금 인상을 한다고 하네요.

핵심구문 ③
只要喜欢自己的工作，就能有成就。
자신의 일을 좋아한다면, 성과가 따를 것입니다.

Biz 맛있는 단어

- 请假 qǐngjià 동 이합 휴가를 신청하다
- 住院 zhùyuàn 동 이합 입원하다
- 照顾 zhàogù 동 보살피다, 돌보다
- 填 tián 동 기입하다, 채우다
- 请假单 qǐngjiàdān 휴가 신청서
- 听说 tīngshuō 동 듣건대, 듣자 하니(~라고 한다)
- 加 jiā 동 더하다, 보태다
  减 jiǎn 빼다 | 除 chú 나누다 | 乘 chéng 곱하다
- 哇 wā 감탄 와!
- 全 Quán 고유 전(성씨)
- 升职 shēngzhí 동 승진하다
  降职 jiàngzhí 강직되다 | 复职 fùzhí 복직하다 | 停职 tíngzhí 정직시키다
- 佩服 pèifú 동 탄복하다, 감탄하다
- 不敢当 bù gǎndāng 천만의 말씀입니다
- 其实 qíshí 부 사실
- 只要……就…… zhǐyào……jiù…… ~하기만 하면 ~하다
- 成就 chéngjiù 명 성과, 업적
- 简单 jiǎndān 형 간단하다, 단순하다
  复杂 fùzá 복잡하다

맛있는 회화

상황1 휴가 신청하기 Track 87

金成功 部长，我想请两天假。
Bùzhǎng, wǒ xiǎng qǐng liǎng tiān jià.

韩新 怎么了？
Zěnme le?

金成功 我妈妈住院了，我得去照顾她。
Wǒ māma zhùyuàn le, wǒ děi qù zhàogù tā.

韩新 知道了。你填好请假单就去吧。
Zhīdào le. Nǐ tiánhǎo qǐngjiàdān jiù qù ba.

상황2 임금 인상에 대해 Track 88

金成功 听说❶，明年公司要加工资。
Tīngshuō, míngnián gōngsī yào jiā gōngzī.

高笑美 真的吗？要加多少？
Zhēnde ma? Yào jiā duōshao?

金成功 30%。
Bǎi fēn zhī sānshí.

高笑美 哇！太好了！
Wā! Tài hǎo le!

| Dialogue

상황3 승진을 축하할 때 Track 89

金成功　全部长，您又升职了？恭喜恭喜❷！
　　　　Quán bùzhǎng, nín yòu shēngzhí le? Gōngxǐ gōngxǐ!

全部长　谢谢谢谢！
　　　　Xièxie xièxie!

金成功　全部长，我真佩服您的工作能力。
　　　　Quán bùzhǎng, wǒ zhēn pèifú nín de gōngzuò nénglì.

全部长　不敢当！其实，也没什么，就是喜欢自己的工作吧。
　　　　Bù gǎndāng! Qíshí, yě méi shénme, jiùshì xǐhuan zìjǐ de gōngzuò ba.

金成功　只要喜欢自己的工作，就❸能有成就，是吗?
　　　　Zhǐyào xǐhuan zìjǐ de gōngzuò, jiù néng yǒu chéngjiù, shì ma?

全部长　对！很简单吧?
　　　　Duì! Hěn jiǎndān ba?

맛있는 어법 | Grammar

❶ 동사 听说

听说는 '듣자 하니 ~라고 한다'라는 뜻으로, 다른 사람의 말이나 풍문으로 들려오는 내용을 들었을 때 쓰는 표현입니다.

听说，他昨天回国了。 듣자 하니, 그가 어제 귀국했다네요.
Tīngshuō, tā zuótiān huíguó le.

听部长**说**，下个月公司要发奖金。 부장님이 그러시는데, 다음 달에 회사에서 보너스를 지급한대요.
Tīng bùzhǎng shuō, xià ge yuè gōngsī yào fā jiǎngjīn.

> 참고 '听我说'는 '내가 말하다'라는 의미가 아니라 '내 말을 들어봐요!'라는 일종의 명령형입니다.

听我说，我还没说完呢。 제 말 좀 들어봐요, 제 말 아직 안 끝났어요.
Tīng wǒ shuō, wǒ hái méi shuōwán ne.

❷ 2음절 동사의 중첩

2음절 동사의 중첩형(ABAB)은 완곡한 어감을 나타냅니다.

你累了？ 先回去**休息休息**吧。 당신 피곤하죠? 먼저 들어가서 좀 쉬도록 하세요.
Nǐ lèi le? Xiān huíqu xiūxi xiūxi ba.

昨天我们**商量**了**商量**，老总还是不同意。
Zuótiān wǒmen shāngliang le shāngliang, lǎozǒng háishi bù tóngyì.
어제 저희가 상의를 했는데, 사장님께서 여전히 동의를 안 하십니다.

> 주의 2음절 동사의 중첩형에 수사 '一'는 쓸 수 없습니다.

我给你们介绍一介绍。(×) → 我给你们**介绍介绍**。 제가 여러분께 소개 좀 하겠습니다.
　　　　　　　　　　　　　　　Wǒ gěi nǐmen jièshao jièshao.

❸ 只要……就……

조건 복문 형식으로 '어떤 조건만 충족되면, 바로 ~가 된다'라는 뜻을 나타냅니다.

只要努力，**就**会成功。 노력만 한다면 성공할 것입니다.
Zhǐyào nǔlì, jiù huì chénggōng.

只要老板一点头，我们**就**动手。 사장님만 오케이하시면 저희는 바로 착수하겠습니다.
Zhǐyào lǎobǎn yì diǎntóu, wǒmen jiù dòngshǒu.

* 成功 chénggōng 통 성공하다
* 点头 diǎntóu 통 (동의·승낙의 표시로) 고개를 끄덕이다
* 动手 dòngshǒu 통 착수하다

Biz 맛있는 문장 연습

| Practice of Sentences

Track 90

1 我想请 **两天** 假。

十天　　shí tiān 10일
两个星期　liǎng ge xīngqī 2주
三个月　　sān ge yuè 3개월
一年　　　yì nián 1년

2 听说明年公司要 **加工资** 。

裁员　　　　cáiyuán 감원하다
招人　　　　zhāo rén 직원을 모집하다
上市　　　　shàngshì 상장하다, 출시되다
搬到新大楼　bāndào xīn dàlóu 새 빌딩으로 이사하다

3 我真佩服 **您的工作能力** 。

他的勇气　　　　tā de yǒngqì 그의 용기
她的协商能力　　tā de xiéshāng nénglì 그녀의 협상 능력
你的大无畏精神　nǐ de dà wúwèi jīngshén 당신의 두려움을 모르는 정신
他的汉语水平　　tā de Hànyǔ shuǐpíng 그의 중국어 실력

연습 문제

1 녹음을 잘 듣고 다음 내용에 맞는 그림을 고르세요. Track 91

A

B

C

D

❶ ☐   ❷ ☐

2 서로 어울리는 대화끼리 연결하세요.

❶ 您又升职了？恭喜恭喜！　　•　　　　•　A 我妈妈住院了。

❷ 你妈妈怎么了？　　　　　　•　　　　•　B 好的。

❸ 我真佩服您的工作能力。　　•　　　　•　C 谢谢谢谢！

❹ 你现在就去吧。　　　　　　•　　　　•　D 不敢当！

3 빈칸에 들어갈 알맞은 단어를 고르세요.

| 吧 | 听说 | 就 | 只要 | 才 |

❶ _____ 喜欢自己工作，就能有成就。

❷ 你填好请假单 _____ 去吧。

❸ _____，明年公司要加工资。

❹ 对！很简单 _____？

4 다음을 중국어로 써 보세요.

❶ 당신은 며칠 동안 휴가를 내려고 하나요?

　➡ _____

❷ 어머니가 입원하셔서, 제가 좀 가봐야 해요.

　➡ _____

❸ 다음 달에 회사에서 보너스를 지급한다네요.

　➡ _____

❹ 또 승진하셨다면서요? 정말 존경스럽습니다.

　➡ _____

Biz 플러스 단어

● 임금·수당·보험

工资 gōngzī 임금
月薪 yuèxīn 월급
年薪 niánxīn 연봉
红包 hóngbāo 특별 상여금

▲ 红包

奖金 jiǎngjīn 보너스
补贴 bǔtiē 보조금
津贴 jīntiē 수당
特别津贴 tèbié jīntiē 특별 수당

▲ 奖金

社会保险 shèhuì bǎoxiǎn 사회 보험
医疗保险 yīliáo bǎoxiǎn 의료 보험
失业保险 shīyè bǎoxiǎn 실업 보험
养老保险 yǎnglǎo bǎoxiǎn 연금 보험

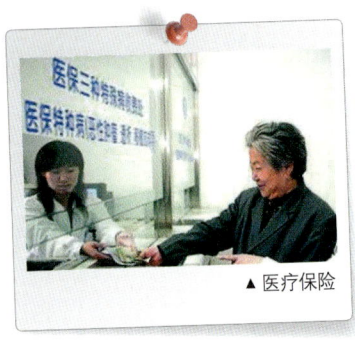
▲ 医疗保险

▲ 升职

工伤保险 gōngshāng bǎoxiǎn 산재 보험
生育保险 shēngyù bǎoxiǎn 출산 보험
升职 shēngzhí 승진하다
降职 jiàngzhí 좌천되다

我们得跟老总商量商量。
Wǒmen děi gēn lǎozǒng shāngliang shāngliang.

저희는 사장님과 상의해 봐야 해요.

상황1 업무 진행 상황 확인하기
상황2 타 부서에 협조 요청하기
상황3 해외 영업에 문제가 생겼을 때

— 자주 쓰이는 가능보어 | 越来越

일은 한 개인의 능력도 중요하지만,
옆에서 얼마만큼 힘을 실어 주는가도 참 중요하다고 생각한다.
그렇게 본다면, 우리 회사의 부서별 팀워크는 과히 일류 수준이란 말이지.
'너와 나'가 아닌 '우리'를 기초로 하는 공조 체제,
난 그래서 우리 회사가 자랑스럽다.

Track 92

핵심구문 ❶
结果什么时候能出来?
결과는 언제 나오나요?

핵심구문 ❷
我们得跟老总商量商量。
저희는 사장님과 상의해 봐야 해요.

핵심구문 ❸
加工成本也越来越高了，这也是个问题。
가공 원가가 갈수록 높아져서, 이것도 문제예요.

맛있는 단어

Track 93

☐☐	夏季	xiàjì	몡 하계
	春季 chūnjì 춘계 | 秋季 qiūjì 추계 | 冬季 dōngjì 동계		
☐☐	市场	shìchǎng	몡 시장
☐☐	反应	fǎnyìng	몡 반응 동 반응하다
☐☐	调查	diàochá	동 조사하다
☐☐	结果	jiéguǒ	몡 결과
☐☐	出来	chūlai	동 나오다
☐☐	厂	chǎng	몡 공장
	工厂 gōngchǎng 공장		
☐☐	人手	rénshǒu	몡 인력, 일손
☐☐	车间	chējiān	몡 작업장, 현장
☐☐	工人	gōngrén	몡 노동자
☐☐	商量	shāngliang	동 상의하다
☐☐	确认	quèrèn	동 확인하다
☐☐	好	hǎo	동 ~하기에 좋다, 편하다
☐☐	老	lǎo	부 늘, 언제나
☐☐	出现	chūxiàn	동 출현하다, 나타나다
☐☐	问题	wèntí	몡 문제
☐☐	头疼	tóuténg	동 머리가 아프다 형 골치가 아프다, 성가시다
☐☐	国情	guóqíng	몡 국정, 나라의 정세
☐☐	有时候	yǒu shíhou	때로는
☐☐	沟通	gōutōng	동 소통하다
☐☐	成本	chéngběn	몡 원가, 자본금
☐☐	越来越	yuèláiyuè	갈수록 ~하다

맛있는 회화

상황1 업무 진행 상황 확인하기 Track 94

韩·新 对夏季新产品的市场反应怎么样?
Duì xiàjì xīnchǎnpǐn de shìchǎng fǎnyìng zěnmeyàng?

金成功 我们正在调查呢。
Wǒmen zhèngzài diàochá ne.

韩 新 结果什么时候能出来?
Jiéguǒ shénme shíhou néng chūlai?

金成功 明天会出来的。
Míngtiān huì chūlai de.

상황2 타 부서에 협조 요청하기 Track 95

张厂长 现在厂里人手不够，车间需要加几个工人。
Xiànzài chǎng li rénshǒu búgòu, chējiān xūyào jiā jǐ ge gōngrén.

全部长 这我们得跟老总商量商量。
Zhè wǒmen děi gēn lǎozǒng shāngliang shāngliang.

张厂长 我昨天已经跟老总说过了。
Wǒ zuótiān yǐjing gēn lǎozǒng shuōguo le.

全部张 是吗? 那我现在就去确认一下吧。
Shì ma? Nà wǒ xiànzài jiù qù quèrèn yíxià ba.

| Dialogue

상황3 해외 영업에 문제가 생겼을 때 Track 96

客　户　你们在中国加工，好做吗?
　　　　Nǐmen zài Zhōngguó jiāgōng, hǎo zuò ma?

金成功　不好做，老出现问题。
　　　　Bù hǎo zuò, lǎo chūxiàn wèntí.

客　户　最头疼的问题是什么?
　　　　Zuì tóuténg de wèntí shì shénme?

金成功　两国的国情不一样，有时候沟通不了❶。
　　　　Liǎng guó de guóqíng bù yíyàng, yǒu shíhou gōutōng bu liǎo.

客　户　还有什么问题?
　　　　Hái yǒu shénme wèntí?

金成功　加工成本也越来越❷高了，这也是个问题。
　　　　Jiāgōng chéngběn yě yuèláiyuè gāo le, zhè yě shì ge wèntí.

14과 我们得跟老总商量商量。• 147

Biz 맛있는 어법

| Grammar

❶ 자주 쓰이는 가능보어

① 下 xià : 사람이나 사물을 수용하거나 받아들일 수 있음을 표현합니다.

这个会议室坐得下五十个人。 이 회의실은 50명이 앉을 수 있습니다.
Zhège huìyìshì zuò de xià wǔshí ge rén.

这些菜你一个人吃得下吗？ 이 음식들을 혼자서 다 먹을 수 있나요?
Zhèxiē cài nǐ yí ge rén chī de xià ma?

② 了 liǎo : 어떤 동작을 진행할 수 있는 '능력'이나 '불가능', '그럴 리가 없다'의 뜻을 나타냅니다.

明天我来不了了。 내일 저 못 올 거예요.
Míngtiān wǒ lái bu liǎo le.

这款手机贵不了多少。 이 휴대 전화는 얼마 안 비싸요.
Zhè kuǎn shǒujī guì bu liǎo duōshao.

* 款 kuǎn 양 종류, 모양

③ 动 dòng : 어떤 동작을 할 수 있는 힘이 있다는 것을 표현하는데, 주로 사람이 움직이거나 물체를 옮겨 놓을 때 씁니다.

我累了，走不动了。 저는 피곤해서 걸을 수가 없어요.
Wǒ lèi le, zǒu bu dòng le.

这张桌子不太重，我们能搬得动。 이 책상은 그리 무겁지 않기 때문에 우리가 옮겨 놓을 수 있어요.
Zhè zhāng zhuōzi bú tài zhòng, wǒmen néng bān de dòng.

❷ 越来越

'갈수록 ~해지다'라는 뜻으로 시간의 변화에 따라 정도가 심해짐을 표현합니다.

炒股的人越来越多了。 주식 투자를 하는 사람들이 갈수록 늘어나고 있습니다.
Chǎogǔ de rén yuèláiyuè duō le.

这个产品的质量越来越好。 이 제품의 품질이 갈수록 좋아지고 있어요.
Zhège chǎnpǐn de zhìliàng yuèláiyuè hǎo.

* 炒股 chǎogǔ 통 주식 투자를 하다

참고 '越A越B'는 'A할수록 B해지다'라는 뜻으로 조건 A의 변화에 따라 B의 정도에도 변화가 생기는 것을 표현합니다.

我在这个公司越干越来劲儿。 저는 이 회사에서 일하면 일할수록 힘이 솟아요.
Wǒ zài zhège gōngsī yuè gàn yuè lái jìnr.

他觉得汉语越学越有意思。 그는 중국어를 하면 할수록 재미있다고 느낍니다.
Tā juéde Hànyǔ yuè xué yuè yǒuyìsi.

* 干 gàn 통 일하다
* 来劲儿 lái jìnr 힘이 솟다, 기운이 나다

Biz 맛있는 문장 연습 | Practice of Sentences

Track 97

1 我们正在 调查 呢。

搜集 sōují 수집하다
观察 guānchá 관찰하다
统计 tǒngjì 통계하다
讨论 tǎolùn 토론하다

2 我昨天已经跟 老总 说过了。

对方 duìfāng 상대방
警方 jǐngfāng 경찰 측
厂长 chǎngzhǎng 공장장
领导 lǐngdǎo 윗사람, 상사

3 加工成本 也越来越高了。

质量 zhìliàng 품질
人气 rénqì 인기
幸福指数 xìngfú zhǐshù 행복 지수
油耗 yóuhào 오일 소모량

연습 문제

1 녹음을 잘 듣고 다음 내용에 맞는 그림을 고르세요. Track 98

A

B

C

D

❶   ❷

2 서로 어울리는 대화끼리 연결하세요.

❶ 你们在中国加工，好做吗？ •　　　• A 是的，那也是大问题。

❷ 对新产品的市场反应怎么样？ •　　　• B 明天会出来的。

❸ 加工成本也越来越高了吧？ •　　　• C 还不错。

❹ 调查结果出来了吗？ •　　　• D 不好做。

3 빈칸에 들어갈 알맞은 단어를 고르세요.

| 呢 | 还 | 过 | 一样 | 还是 |

❶ _____ 有什么问题？

❷ 我昨天已经跟老总说_____了。

❸ 两国的国情不_____，有时候沟通不了。

❹ 我们正在调查_____。

4 다음을 중국어로 써 보세요.

❶ 추계 신제품에 대한 시장 반응이 어떤가요?

➡ _____

❷ 최근 공장에 인력이 부족합니다.

➡ _____

❸ 제가 이미 공장장님께 말씀드렸어요.

➡ _____

❹ 원자재 가격이 갈수록 오르네요.

➡ _____

플러스 표현

• 업무 협조 및 진행

☐ 谢谢你们部门的合作。 귀하의 부서 협조에 감사드립니다.
Xièxie nǐmen bùmén de hézuò.

☐ 希望人事部配合生产部。
Xīwàng rénshìbù pèihé shēngchǎnbù.
인사팀이 생산팀에 협조를 해 주었으면 합니다.

☐ 消费者对新产品的反应，怎么样？
Xiāofèizhě duì xīnchǎnpǐn de fǎnyìng, zěnmeyàng?
신제품에 대한 소비자의 반응은 어떤가요?

☐ 你们跟那个公司合作得怎么样？
Nǐmen gēn nàge gōngsī hézuò de zěnmeyàng?
자네들 그 회사와 일이 어떻게 되어가나?

☐ 现在很多企业把加工工厂慢慢转移到东南亚国家。
Xiànzài hěn duō qǐyè bǎ jiāgōng gōngchǎng mànmān zhuǎnyí dào Dōngnányà guójiā.
지금 많은 회사들이 가공 공장을 서서히 동남아 국가로 이전해 가고 있어요.

▲ 谢谢你们部门的合作。

▲ 我也曾经遇到过这样的问题。

☐ 我也曾经遇到过这样的问题。
Wǒ yě céngjīng yùdàoguo zhèyàng de wèntí.
저도 전에 이런 문제에 봉착한 적이 있어요.

☐ 贵公司在中国加工了几年了？
Guì gōngsī zài Zhōngguó jiāgōng le jǐ nián le?
귀사는 중국에서 몇 년째 가공하고 계신가요?

☐ 入乡随俗嘛，你必须了解当地的情况。
Rù xiāng suísú ma, nǐ bìxū liǎojiě dāngdì de qíngkuàng.
로마에 가면 로마법을 따라야 하죠. 당신은 반드시 현지 상황을 이해해야 해요.

☐ 北方人和南方人的性格不一样。
Běifāngrén hé nánfāngrén de xìnggé bù yíyàng.
북방인과 남방인의 성격이 달라요.

☐ 他们毕竟是外国人，有些部分确实跟我们不一样。
Tāmen bìjìng shì wàiguórén, yǒuxiē bùfen quèshí gēn wǒmen bù yíyàng.
그들은 어쨌든 외국인이다 보니, 어떤 부분은 확실히 우리랑 달라요.

先看看情况再说吧。
Xiān kànkan qíngkuàng zàishuō ba.
우선 상황을 지켜본 후에 다시 얘기해요.

주식·은행

상황 1 주식 시장에 대해
상황 2 환율 물어보기
상황 3 부동산에 대해

— 조사 地 | 접속사 却 | 동사 再说

한동안 펀드가 반토막이 나는 바람에
사람들을 졸지에 가난뱅이로 만들더니,
요즘에는 부동산 급락으로 인해 '하우스 푸어'가 늘어나고 있다고 한다.
이럴 땐 집 없는 내가 훨씬 마음이 편한 것 같기도 하고……
사는 일이 어쨌든 쉽지만은 않다.

Track 99

핵심구문 ❶
我买的股票却不停地跌。
제가 산 주식은 끊임없이 곤두박질치고 있어요.

핵심구문 ❷
我们先看看情况再说吧。
우리 우선 상황을 지켜본 후에 다시 얘기해요.

핵심구문 ❸
你从银行里贷了多少?
당신은 은행에서 대출을 얼마나 받았나요?

맛있는 단어

Track 100

- ☐☐ 股市　gǔshì　명 주식 시장
- ☐☐ 停　tíng　동 멈추다
  - 不停 bùtíng 계속해서, 끊임없이
- ☐☐ 地　de　조 부사어를 만들 때 씀
- ☐☐ 涨　zhǎng　동 (물가가) 오르다
- ☐☐ 股票　gǔpiào　명 주식
  - 炒股票 chǎo gǔpiào 주식 투자를 하다
- ☐☐ 却　què　부 오히려, 반대로
- ☐☐ 跌　diē　동 (물가가) 내리다, 떨어지다, 미끄러지다
- ☐☐ 亏　kuī　동 손해를 보다
- ☐☐ 半年　bànnián　명 반년
- ☐☐ 升值　shēngzhí　동 (화폐의) 가치가 상승하다
- ☐☐ 进口　jìnkǒu　동 수입하다
  - 出口 chūkǒu 수출하다
- ☐☐ 合适　héshì　형 적합하다, 알맞다
- ☐☐ 情况　qíngkuàng　명 상황
- ☐☐ 再说　zàishuō　동 다시 말하다, 다음에 다시 생각하다
- ☐☐ 房子　fángzi　명 집
- ☐☐ 贷款　dàikuǎn　동 이합 대출하다
  - 贷款额度 dàikuǎn'édù 대출 한도액
- ☐☐ 房价　fángjià　명 집값, 건물 가격
- ☐☐ 搬　bān　동 옮기다
- ☐☐ 进去　jìnqu　동 들어가다　*보어일 때 밖에서 안으로 들어가다의 뜻을 나타냄
- ☐☐ 初　chū　명 처음, 최초
- ☐☐ 搬家　bānjiā　동 이합 이사하다

15과 先看看情况再说吧。• 155

맛있는 회화

상황1 주식 시장에 대해 Track 101

金成功 股市不停地❶涨，我买的股票却❷不停地跌。
Gǔshì bùtíng de zhǎng, wǒ mǎi de gǔpiào què bùtíng de diē.

高笑美 那你亏了不少吧?
Nà nǐ kuī le bùshǎo ba?

金成功 不到半年我就亏了十万了。
Bú dào bànnián wǒ jiù kuī le shíwàn le.

상황2 환율 물어보기 Track 102

韩 新 最近人民币又升值了。
Zuìjìn rénmínbì yòu shēngzhí le.

金成功 那现在进口产品不合适吧?
Nà xiànzài jìnkǒu chǎnpǐn bù héshì ba?

韩 新 对。我们先看看情况再说❸吧。
Duì. Wǒmen xiān kànkan qíngkuàng zàishuō ba.

 **Tip**

➕ 반어적인 어감을 나타내는 什么呀!

'什么呀'는 동사나 형용사 뒤에 놓여 '반어적인 어감'을 표현합니다.

喜欢什么呀! 我才不喜欢他呢。좋아하긴 뭘 좋아해요, 저야말로 그 친구를 안 좋아한다고요.
Xǐhuan shénme ya! Wǒ cái bù xǐhuan tā ne.

好看什么呀! 一点儿都不好看。예쁘긴 뭐가 예뻐요! 하나도 안 예뻐요.
Hǎokàn shénme ya! Yìdiǎnr dōu bù hǎokàn.

| Dialogue

상황3 부동산에 대해 Track 103

金成功: 你买了新房子，是吧？恭喜你啊！
Nǐ mǎi le xīn fángzi, shì ba? Gōngxǐ nǐ a!

许代理: 恭喜什么呀！我是贷款买的房子。
Gōngxǐ shénme ya! Wǒ shì dàikuǎn mǎi de fángzi.

金成功: 你从银行里贷了多少？
Nǐ cóng yínháng li dài le duōshao?

许代理: 贷了房价的40%。
Dài le fángjià de bǎi fēn zhī sìshí.

金成功: 还行。那你什么时候搬进去？
Hái xíng. Nà nǐ shénme shíhou bān jìnqu?

许代理: 下个月初搬家。
Xià ge yuè chū bānjiā.

15과 先看看情况再说吧。 • 157

Biz 맛있는 어법

| Grammar

❶ 조사 地

조사 地는 동사, 형용사, 형용사의 중첩형, 속담, 고정구 등의 뒤에 위치하여 부사어를 만듭니다.

他生气地看着我。 그가 화를 내며 저를 봤어요.
Tā shēngqì de kànzhe wǒ.

他们高兴地笑了。 그들은 즐겁게 웃었어요.
Tāmen gāoxìng de xiào le.

金代理平平安安地回家了。 김 대리는 편안히 집으로 돌아왔어요.
Jīn dàilǐ píngpíng'ān'ān de huíjiā le.

她一直不停地跟我说：“谢谢！” 그녀는 계속해서 저에게 '고마워요'라고 했어요.
Tā yìzhí bùtíng de gēn wǒ shuō : "Xièxie!"

주의 '부사+2음절 형용사'가 부사어로 쓰일 때는 반드시 조사 地를 씁니다.

他非常热情地对待我们。 그는 아주 친절하게 우리를 대했어요.
Tā fēicháng rèqíng de duìdài wǒmen.

* 平平安安 píngpíng'ān'ān 형 평안하다
* 热情 rèqíng 형 친절하다
* 对待 duìdài 동 대하다

❷ 접속사 却

접속사 却는 '오히려, 반대로'라는 의미를 나타내는 역접 관계 접속사로 역접 복문에 쓰이며 '虽然……却……' 형식으로 많이 쓰입니다.

这家酒店的环境很好，价格却很便宜。 이 호텔의 환경은 좋은데도, 가격은 오히려 저렴해요.
Zhè jiā jiǔdiàn de huánjìng hěn hǎo, jiàgé què hěn piányi.

虽然天气那么冷，大家心里却是暖暖的。
Suīrán tiānqì nàme lěng, dàjiā xīnli què shì nuǎnnuān de.
날씨는 참 추웠어도, 모두의 마음은 오히려 따뜻했어요.

他虽然年轻，却很能干。 그는 비록 젊지만, 오히려 능력은 매우 뛰어납니다.
Tā suīrán niánqīng, què hěn nénggàn.

* 酒店 jiǔdiàn 명 호텔
* 环境 huánjìng 명 환경
* 暖 nuǎn 형 따뜻하다
* 能干 nénggàn 형 유능하다

❸ 동사 再说

동사 再说는 어떤 일을 일단 중단했다가 다음에 다시 이야기하자라는 뜻을 나타냅니다.

今天我很忙，那件事，明天再说吧！ 오늘은 제가 바쁘니, 그 일은 내일 다시 얘기해요.
Jīntiān wǒ hén máng, nà jiàn shì, míngtiān zàishuō ba!

你先别急，下次再说吧。 우선 서두르지 말고, 다음에 다시 얘기해요.
Nǐ xiān bié jí, xiàcì zàishuō ba.

* 别 bié 부 ~하지 마라
* 急 jí 동 서두르다

Biz 맛있는 문장 연습

| Practice of Sentences

Track 104

1 不到半年我就亏了 **十万** 了。

几千块 jǐ qiān kuài 몇 천 위엔
十几万 shí jǐ wàn 십 몇 만
两万美金 liǎngwàn Měijīn 2만 달러
五千欧元 wǔqiān Ōuyuán 5천 유로

2 我们先 **看看情况** 再说吧。

商量好 shāngliang hǎo 상의하다
看完新闻 kànwán xīnwén 뉴스를 다 보다
听他解释 tīng tā jiěshì 그의 설명을 듣다
尝尝 chángchang 맛보다

3 那你什么时候 **搬进去** ?

卖出去 mài chūqu 팔다
送过去 sòng guòqu 가져다주다
交上去 jiāo shàngqu 제출하다
带回去 dài huíqu 가지고 돌아가다

연습 문제

1 녹음을 잘 듣고 다음 내용에 맞는 그림을 고르세요. Track 105

A

B

C

D

❶   ❷

2 서로 어울리는 대화끼리 연결하세요.

❶ 最近股市怎么样?　　·   　·　A 我们先看看情况再说吧。

❷ 现在进口产品不合适吧?　·   　·　B 不停地涨。

❸ 你买了新房子，是吧?　　·   　·　C 我没贷款。

❹ 你从银行里贷了多少?　　·   　·　D 你是怎么知道的?

3 빈칸에 들어갈 알맞은 단어를 고르세요.

| 地 | 进去 | 又 | 是 | 再 |

❶ 我买的股票却不停_____跌。

❷ 我_____贷款买的房子。

❸ 那你什么时候搬_____？

❹ 最近人民币_____升值了。

4 다음을 중국어로 써 보세요.

❶ 얼마나 손해 보셨어요?

　➡ _____

❷ 제가 산 주식이 계속 오르고 있어요.

　➡ _____

❸ 우리 우선 상황을 지켜본 후에 다시 얘기해요.

　➡ _____

❹ 저는 대출을 받아 집을 샀으면 해요.

　➡ _____

플러스 단어

• 주식 및 부동산

股票 gǔpiào 주, 주식, (유가) 증권
股市 gǔshì 주식 시장
股市萧条 gǔshì xiāotiáo 주식 침체
纳斯达克 Nàsīdákè 나스닥(Nasdaq)
纳斯达克中国指数
Nàsīdákè Zhōngguó zhǐshù 나스닥 중국 지수

▲ 股市

炒股票 chǎo gǔpiào 주식 투자를 하다
股票热 gǔpiào rè 주식 붐(stock market boom)
基金 jījīn 펀드
熊市 xióngshì 베어 마켓(bear market), 하락장
牛市 niúshì 상승세인 주식 시장

▲ 熊市

房地产 fángdìchǎn 부동산
二手房 èrshǒufáng 중고 주택
商品房 shāngpǐnfáng 분양 주택
写字楼 xiězìlóu 오피스텔

▲ 写字楼

工商铺 gōngshāngpù 상가
公寓 gōngyù 아파트
房地产经纪人 fángdìchǎn jīngjìrén 부동산 중개인
股票分析家 gǔpiào fēnxījiā 애널리스트(analyst)

▲ 公寓

我想换人民币。
Wǒ xiǎng huàn rénmínbì.
인민폐로 환전하려고요.

상황1 계좌 만들기
상황2 환전하기
상황3 송금하기

- 先……, 然后(再)……
- 부사 必须 | 부사 再와 又

요즘에는 중국에 가기가 참 고민된다.
환율 차이가 많이 나다 보니,
그야말로 중국에 가서 '쓸 게' 없기 때문이다.
90년대에 중국을 다니셨던 분들은 이구동성으로
"그땐 쓸 게 많았어!"라고 하던데,
원화가 다시 큰소리를 낼 때가 올까?

핵심구문 ①
我想开一个账户。
계좌를 하나 만들려고요.

핵심구문 ②
我想换两千人民币。
2,000위엔 인민폐로 환전하려고요.

핵심구문 ③
你必须先把韩元换成美元,然后再汇。
반드시 먼저 원화를 달러로 바꾼 다음에 보내야 해요.

Biz 맛있는 단어

Track 107

- 账户 zhànghù 명 계정, 계좌
- 表 biǎo 명 표
- 先……, 然后…… xiān……, ránhòu…… 먼저 ~한 후에 ~하다
- 身份证 shēnfènzhèng 명 신분증
  护照 hùzhào 여권 | 学生证 xuéshēngzhèng 학생증
- 换 huàn 동 바꾸다, 환전하다
- 韩币 Hánbì 명 원화
  韩元 Hányuán 원화
- 汇款 huìkuǎn 동 이합 송금하다
- 直接 zhíjiē 형 직접적인
  间接 jiànjiē 간접적인
- 好像 hǎoxiàng 부 ~와 같다
- 目前 mùqián 명 현재
- 美元 Měiyuán 명 달러
  美金 Měijīn 달러
- 汇 huì 동 송금하다
- 麻烦 máfan 형 번거롭다
  麻烦你 máfan nǐ 실례하지만 | 麻烦你了 máfan nǐ le 폐를 끼쳤습니다
- 必须 bìxū 부 반드시
- 成 chéng 동 완성하다, ~가 되다

맛있는 회화

상황1 계좌 만들기 　Track 108

金成功　你好，我想开一个账户。
　　　　Nǐ hǎo, wǒ xiǎng kāi yí ge zhànghù.

银行职员　先生，您先填好这张表，
　　　　　Xiānsheng, nín xiān tiánhǎo zhè zhāng biǎo,

　　　　　然后❶给我看看您的身份证。
　　　　　ránhòu gěi wǒ kànkan nín de shēnfènzhèng.

金成功　好的，这是我的身份证。
　　　　Hǎo de, zhè shì wǒ de shēnfènzhèng.

상황2 환전하기 　Track 109

银行职员　先生，您想换多少人民币？
　　　　　Xiānsheng, nín xiǎng huàn duōshao rénmínbì?

金成功　我想换两千人民币。
　　　　Wǒ xiǎng huàn liǎngqiān rénmínbì.

银行职员　您用韩币换人民币吗？
　　　　　Nín yòng Hánbì huàn rénmínbì ma?

金成功　对，我用韩币换人民币。
　　　　Duì, wǒ yòng Hánbì huàn rénmínbì.

| Dialogue

상황3 송금하기 Track 110

高笑美 从韩国汇款到中国，能直接用人民币吗?
Cóng Hánguó huìkuǎn dào Zhōngguó, néng zhíjiē yòng rénmínbì ma?

金成功 这还不行，好像目前只能用美元汇。
Zhè hái bùxíng, hǎoxiàng mùqián zhǐnéng yòng Měiyuán huì.

高笑美 这样啊! 挺麻烦的。
Zhèyàng a! Tǐng máfan de.

金成功 怎么，你想汇款?
Zěnme, nǐ xiǎng huìkuǎn?

高笑美 我想给家里汇一点儿钱。
Wǒ xiǎng gěi jiāli huì yìdiǎnr qián.

金成功 那你必须❷先把韩元换成美元，然后再❸汇。
Nà nǐ bìxū xiān bǎ Hányuán huànchéng Měiyuán, ránhòu zài huì.

16과 我想换人民币。 • 167

Biz 맛있는 어법

| Grammar

❶ 先……，然后(再)……

'先……, 然后(再)……'는 '먼저 ~한 후에 ~하다'라는 뜻을 나타내는 연속 복문으로, 먼저 어떤 동작을 한 후에 그다음 다른 동작을 하는 것을 말합니다.

我们打算先去上海，然后再去北京。 우리는 먼저 상하이에 갔다가, 다시 베이징에 가려고 해요.
Wǒmen dǎsuan xiān qù Shànghǎi, ránhòu zài qù Běijīng.

我先送客人去机场，然后去你那儿。
Wǒ xiān sòng kèrén qù jīchǎng, ránhòu qù nǐ nàr.
제가 먼저 손님을 공항에 모셔다 드리고 나서 당신한테 갈게요.

＊打算 dǎsuan 통 ~하려고 하다

❷ 부사 必须

부사 必须는 '반드시, 꼭, 틀림없이'라는 뜻으로 '一定要'와 의미가 같습니다. 부정형은 不必(búbì 그럴 필요가 없다)를 씁니다.

分析报告下班之前必须发给我。 분석 보고서는 퇴근 전에 꼭 저한테 보내 주세요.
Fēnxī bàogào xiàbān zhīqián bìxū fāgěi wǒ.

我们已经知道了，你不必再解释了。 우리는 이미 알고 있어요. 더 설명하실 필요가 없어요.
Wǒmen yǐjing zhīdào le, nǐ búbì zài jiěshì le.

＊解释 jiěshì 통 설명하다

❸ 부사 再와 又

① 再는 '재차, 또'라는 의미로 미완성의 동작이나 이미 실현된 동작을 다시 한 번 실현하겠다는 뜻으로 쓰입니다.

今天我没有时间，你明天再来吧。 제가 오늘 시간이 없으니, 내일 다시 오세요.
Jīntiān wǒ méiyǒu shíjiān, nǐ míngtiān zài lái ba.

李总叫你再等十分钟。 이 사장님께서 10분만 더 기다리시래요.
Lǐ zǒng jiào nǐ zài děng shí fēnzhōng.

② 부사 又는 부사 再와 마찬가지로 '또, 다시'라는 의미를 나타냅니다. 그러나 又는 어떤 동작을 이미 중복적으로 실현했음을 나타내며, 이미 동작을 완료했기 때문에 了를 동반합니다.

你怎么又回来了？ 당신 왜 또 돌아왔어요?
Nǐ zěnme yòu huílai le?

他又被骗了。 그는 또 사기를 당했어요.
Tā yòu bèi piàn le.

＊骗 piàn 통 속이다

맛있는 문장 연습

| Practice of Sentences

Track 111

1 您先填好这张表，然后给我看看您的 **身份证** 。

护照　　hùzhào 여권
驾照　　jiàzhào 운전 면허증
工作证　gōngzuòzhèng 신분 증명서, ID카드
参观证　cānguānzhèng 참관증

2 您想换多少 **人民币** ？

韩币　Hánbì 원화
美元　Měiyuán 달러
日元　Rìyuán 엔화
欧元　Ōuyuán 유로

3 我想给家里 **汇一点儿钱** 。

寄点儿东西　　jì diǎnr dōngxi 물건을 좀 부치다
减轻点儿压力　jiǎnqīng diǎnr yālì 부담을 좀 덜다
买一台冰箱　　mǎi yì tái bīngxiāng 냉장고 한 대를 사다
装个空调　　　zhuāng ge kōngtiáo 에어컨을 설치하다

연습 문제

1 녹음을 잘 듣고 다음 내용에 맞는 그림을 고르세요. Track 112

A

B

C

D

❶

❷

2 서로 어울리는 대화끼리 연결하세요.

❶ 您想换多少美元?　　　　　•　　　　• A 我想给妈妈汇一点儿钱。

❷ 小姐, 这是我的身份证。　　•　　　　• B 当然需要。

❸ 你想汇款啊?　　　　　　　•　　　　• C 换三千美元。

❹ 我想开一个账户, 需要身份证吗?　•　• D 好的, 请稍等。

| Exercise

3 빈칸에 들어갈 알맞은 단어를 고르세요.

张　　一点儿　　用　　再　　又

❶ 您_____韩币换人民币吗?

❷ 你必须先把韩元换成美元，然后_____汇。

❸ 先生，您先填好这_____表。

❹ 我想给家里汇_____钱。

4 다음을 중국어로 써 보세요.

❶ 저는 계좌를 하나 만들고 싶어요.

➡ _____

❷ 손님, 먼저 저한테 여권 좀 보여 주시겠어요?

➡ _____

❸ 원화를 인민폐로 바꿔 주세요.

➡ _____

❹ 2,000달러를 환전하려고요.

➡ _____

플러스 단어

- 세계 여러 나라의 화폐

人民币 rénmínbì 인민폐

美元 Měiyuán 달러

韩币 Hánbì 원화

欧元 Ōuyuán 유로

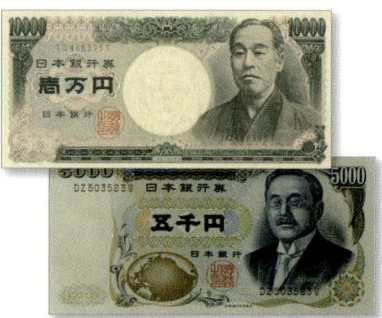

日元 Rìyuán 엔화

我们吃长寿面。
Wǒmen chī chángshòumiàn.
우리는 장수면을 먹어요.

 중국 문화

- 상황 1 생일에 대해
- 상황 2 추석에 대해
- 상황 3 중국 설 풍습에 대해
- 임박태 용법

한 나라의 언어를 배우기 전에
그 나라의 문화를 먼저 이해하는 것이 우선이 아닐까 싶다.
언어라는 것도 어차피 문화의 산물이니까.
중국 문화에 대해 알면 알수록 참 재미있다는 생각이 든다.
난 역시 중국 스타일인가보다.

핵심구문 ①

我们吃长寿面。
우리는 장수면을 먹어요.

핵심구문 ②

中秋节你们也赏月吗?
추석 때 중국인들도 달구경을 하나요?

핵심구문 ③

中国人过年南方人吃年糕, 北方人吃饺子。
중국인은 설을 쇨 때, 남방인들은 설떡을, 북방인들은 만두를 먹어요.

맛있는 단어

Track 114

- 海带汤　　hǎidàitāng　　명 미역국
- 长寿面　　chángshòumiàn　명 장수면
- 放假　　　fàngjià　　　동 이합 휴가를 보내다(주다)
- 赏月　　　shǎngyuè　　동 달구경 하다, 달맞이하다
- 快要……了 kuàiyào……le 곧 ~하게 되다
- 年糕汤　　niángāotāng　명 떡국
- 南方　　　nánfāng　　　명 남방
- 年糕　　　niángāo　　　명 설떡
- 北方　　　běifāng　　　명 북방
- 饺子　　　jiǎozi　　　　명 만두
- 过年　　　guònián　　　동 설을 쇠다, 새해를 맞다
- 习俗　　　xísú　　　　 명 풍습
- 鞭炮　　　biānpào　　　명 폭죽

　　放鞭炮 fàng biānpào 폭죽을 터뜨리다

- 挂　　　　guà　　　　 동 달다, 매달다
- 红灯　　　hóngdēng　　명 홍등
- 贴　　　　tiē　　　　　동 붙이다
- 对联　　　duìlián　　　명 대련　*문이나 기둥에 써 붙이는 대구
- 压岁钱　　yāsuìqián　　명 세뱃돈

17과 我们吃长寿面。• 175

맛있는 회화

상황1 생일에 대해 (Track 115)

高笑美: 你们过生日那天吃什么?
Nǐmen guò shēngrì nàtiān chī shénme?

金成功: 生日那天早上我们喝海带汤，你们呢?
Shēngrì nàtiān zǎoshang wǒmen hē hǎidàitāng, nǐmen ne?

高笑美: 我们吃长寿面。
Wǒmen chī chángshòumiàn.

상황2 추석에 대해 (Track 116)

金成功: 中秋节你们放几天假?
Zhōngqiūjié nǐmen fàng jǐ tiān jià?

高笑美: 我们放三天假。
Wǒmen fàng sān tiān jià.

金成功: 中秋节你们也赏月吗?
Zhōngqiūjié nǐmen yě shǎngyuè ma?

高笑美: 对，我们也赏月。
Duì, wǒmen yě shǎngyuè.

| Dialogue

상황3 중국 설 풍습에 대해 Track 117

金成功 　春节快要到了❶，过春节，你们也吃年糕汤吗?
　　　　Chūnjié kuàiyào dào le, guò Chūnjié, nǐmen yě chī niángāotāng ma?

高笑美 　我们不吃年糕汤。
　　　　Wǒmen bù chī niángāotāng.

金成功 　那你们吃什么呢?
　　　　Nà nǐmen chī shénme ne?

高笑美 　中国人过年南方人吃年糕，北方人吃饺子。
　　　　Zhōngguórén guònián nánfāngrén chī niángāo, běifāngrén chī jiǎozi.

金成功 　是吗? 你们过年还有什么习俗?
　　　　Shì ma? Nǐmen guònián hái yǒu shénme xísú?

高笑美 　我们放鞭炮，挂红灯，贴对联。
　　　　Wǒmen fàng biānpào, guà hóngdēng, tiē duìlián.

金成功 　你们也有压岁钱吗?
　　　　Nǐmen yě yǒu yāsuìqián ma?

高笑美 　当然。我们也有压岁钱。
　　　　Dāngrán. Wǒmen yě yǒu yāsuìqián.

17과 我们吃长寿面。

맛있는 어법 | Grammar

❶ 임박태 용법

어떤 일이 곧 일어날 것임을 표현하는 문형을 임박태라 합니다.

① 要……了 : '要+동작+了'는 임박태의 기본형으로 '곧 ~할 것이다'라는 의미를 나타냅니다.

听说他要换公司了。 그가 곧 회사를 옮기려고 한다네요.
Tīngshuō tā yào huàn gōngsī le.

要下雨了，你们带伞吧。 비가 올 것 같네요, 우산 챙겨들 가요.
Yào xiàyǔ le, nǐmen dài sǎn ba.

② 快要……了 : '要……了'보다 시간이 더 임박했음을 표현할 때 씁니다. 이때 要를 생략할 수 있습니다.

天快(要)亮了，我们该出发了。 날이 곧 밝아 와요. 우리 출발해야겠어요.
Tiān kuài(yào) liàng le, wǒmen gāi chūfā le.

我们快(要)大学毕业了。 우리는 곧 대학을 졸업해요.
Wǒmen kuài(yào) dàxué bìyè le.

＊亮 liàng 혱 밝다

③ 快到……了 : 어떤 시간이나 예정된 날이 가까워 올 때 쓰는 표현입니다.

快到公司成立五周年了。 곧 회사 창립 5주년이 됩니다.
Kuài dào gōngsī chénglì wǔ zhōunián le.

＊成立 chénglì 동 창립하다, 설립하다
＊周年 zhōunián 명 주년

交货期快到了，你们准备得怎么样? 납기일이 곧 닥치는데, 자네들 준비가 어떻게 되어가나?
Jiāohuòqī kuài dào le, nǐmen zhǔnbèi de zěnmeyàng?

④ 就要……了 : 앞에 시간사를 동반해 정해진 시간에 어떤 일이 일어날 것임을 나타냅니다.

明天就要签合同了。 내일 계약을 하려고 해요.
Míngtiān jiùyào qiān hétong le.

＊签 qiān 동 서명하다
＊合同 hétong 명 계약

⑤ 该……了 : 도의적으로 어떤 동작을 해야 함을 표현합니다.

下面该金代理了，请准备一下。 다음은 김 대리 차례네요, 준비해 주세요.
Xiàmiàn gāi Jīn dàilǐ le, qǐng zhǔnbèi yíxià.

⑥ 还没……呢 : 임박태의 부정형은 '还没……呢'로 '아직 ~하지 않았다'라는 뜻을 나타냅니다.

交货期还没到呢，你们慢慢来吧! 납기일이 아직 남았으니. 천천히 하세요.
Jiāohuòqī hái méi dào ne, nǐmen mànmān lái ba!

Biz 맛있는 문장 연습

Practice of Sentences

Track 118

1 中秋节你们 **也赏月** 吗?
- 吃月饼　chī yuèbing 월병을 먹다
- 回家　huíjiā 집에 가다
- 放假　fàngjià 휴가를 주다
- 过得好　guò de hǎo 잘 보내다

2 **春节** 快要到了。
- 暑假　shǔjià 여름휴가
- 冬天　dōngtiān 겨울
- 交货期　jiāohuòqī 납기일
- 结婚纪念日　jiéhūn jìniànrì 결혼기념일

3 你们 **过年** 还有什么习俗?
- 端午节　Duānwǔjié 단오절
- 清明节　Qīngmíngjié 청명절(*4월 5일 무렵)
- 元宵节　Yuánxiāojié 정월대보름
- 重阳节　Chóngyángjié 중양절(*음력 9월 9일)

연습 문제

1 녹음을 잘 듣고 다음 내용에 맞는 그림을 고르세요. Track 119

A  B

C  D

❶   ❷

2 서로 어울리는 대화끼리 연결하세요.

❶ 你们有没有压岁钱?　·　　　·　A 我们喝海带汤。

❷ 过春节，你们也吃年糕汤吗?　·　　　·　B 当然有。

❸ 中秋节你们放几天假?　·　　　·　C 我们不吃。

❹ 韩国人过生日那天吃什么?　·　　　·　D 放三天假。

3 빈칸에 들어갈 알맞은 단어를 고르세요.

| 呢 | 还 | 快 | 放 | 吧 |

❶ 你们过年_____有什么习俗?

❷ 我们吃长寿面，你们_____?

❸ 我们_____鞭炮，挂红灯，贴对联。

❹ 春节_____要到了。

4 다음을 중국어로 써 보세요.

❶ 생일날에 우리는 장수면을 먹어요.

➡ _____

❷ 추석 때 당신들도 휴가죠?

➡ _____

❸ 설이 다가오는데, 미스 고는 중국에 돌아가나요?

➡ _____

❹ 남방인들은 설떡을, 북방인들은 만두를 먹어요.

➡ _____

중국의 공휴일

중국에도 우리와 마찬가지로 24절기가 있고 우리와 같은 명절을 보낸다. 다만 그 중요도 면에서는 조금 차이가 있다. 春节(Chūnjié)라 부르는 설은 중국 최대의 명절이다. 우리는 설 당일 아침에 차례를 지내고 세배를 드리는 것을 중요하게 생각하지만, 중국인들은 설 전야에 온 식구들이 다 같이 모여 식사하는 것을 대단히 중시한다. 때문에 외지에서 일하던 사람들도 설 전날까지는 꼭 집으로 돌아가고 싶어 한다. 설 음식으로는 북방 사람들은 만두(饺子 jiǎozi)를 먹고, 남방 사람들은 설떡(年糕 niángāo)을 먹는다.

우리에게는 제2의 명절인 추석도 굉장히 큰 명절이지만, 중국에서는 휴가를 3일 정도 주기 때문에 가족이 멀리 있는 사람들은 가족과 함께 추석을 보내기 힘들다. 추석 때는 월병(月饼 yuèbing)을 먹고, 달을 감상하는 풍습이 지켜지고 있다.

우리는 명절 중에 설과 추석만 공휴일로 정해 놓은 반면, 중국은 한식과 단오도 공휴일로 정해져 있다. 단오에는 쫑즈(粽子 zòngzi)를 먹는데, 굴원(屈原 Qū Yuán)을 기리기 위한 풍습이라고 한다.

▲ 중국 최대의 명절 춘절

우리에게는 개천절이 있지만 중국에는 건국기념일(国庆节 Guóqìngjié : 줄여서 '十一'라 부름)이 있다. 이 날은 중국이 사회주의 국가 수립을 만방에 알린 1949년 10월 1일을 기념하는 날이다. 공식적인 휴가는 3일이지만 앞뒤 날짜를 조정해 보통 일주일 정도 휴가 기간을 보낼 수 있으며, 이 시기를 이용해 여행하는 사람들이 많기 때문에 항공권 가격과 숙박 요금이 일시적으로 오르기도 한다.

▲ 월병을 먹는 중국인 가족

건국기념일과 더불어 사회주의 국가인 중국의 공휴일에서 빼놓을 수 없는 날이 바로 노동절(五一国际劳动节 Wǔyī Guójì Láodòngjié : 줄여서 '五一'라 부름)이다. 이 기간에도 원래는 건국기념일 휴가 기간처럼 긴 휴가를 주었었는데, 최근에는 휴가 기간을 점차 제한하는 추세이다.

중국과 비즈니스를 할 때에는 공휴일 일정을 알아두는 것도 중요하다. 설 연휴 같은 경우, 공식적인 일정보다 더 길어지는 곳도 많기 때문에 생산, 선적, 납품 등에 차질을 빚지 않도록 미리미리 상의해서 일정을 맞추는 것이 필요하다.

18과

我给你做伴郎吧。
Wǒ gěi nǐ zuò bànláng ba.

제가 신랑 들러리를 설게요.

 중국 문화

- 상황1 주거 문화에 대해
- 상황2 중국인의 금기를 물을 때
- 상황3 중국인의 결혼식에 대해

— 형용사 一般 | 대명사 人家 | 동태조사 着(2)

신부가 머리부터 발끝까지 온통 빨간색으로 치장을 한 게 인상적이군. 거기에 결혼식 중간에 신랑, 신부를 비롯한 하례객들이 같이 댄스를 추는 것도 신선하고 말이다~ 어디 누구 결혼하는 중국 친구 없어요? 나도 신랑 들러리 한 번 서 보고 싶어요.

Track 120

핵심구문 ❶
四合院是中国传统住宅。
사합원은 중국 전통 가옥입니다.

핵심구문 ❷
我们送礼一般不送人家钟表和伞。
우리는 보통 시계와 우산은 선물로 주지 않아요.

핵심구문 ❸
我们请他们喝喜酒、吃喜糖。
우리는 하객들에게 결혼식 술과 결혼식 사탕을 대접해요.

맛있는 단어

Track 121

四合院	sìhéyuàn	몡 사합원 *베이징의 전통 가옥 형태
传统	chuántǒng	몡 전통
住宅	zhùzhái	몡 주택, 가옥
石库门	shíkùmén	몡 스쿠먼 *상하이의 전통 건축 양식
地区	dìqū	몡 지역, 지구
建筑	jiànzhù	몡 건축
样式	yàngshì	몡 양식, 스타일
礼物	lǐwù	몡 선물
忌讳	jìhuì	몡 금기, 터부 동 금기하다
送礼	sònglǐ	동 이합 선물을 주다
人家	rénjiā	대 상대방; 제3자; 나(본인)
钟表	zhōngbiǎo	몡 시계
伞	sǎn	몡 우산
没问题	méi wèntí	문제없다
结婚	jiéhūn	동 이합 결혼하다
离婚 líhūn 이혼하다 | 喜酒 xǐjiǔ 결혼 축하주 | 喜糖 xǐtáng 결혼 축하 사탕		
宴请	yànqǐng	동 주연을 베풀어 후하게 대접하다
宾客	bīnkè	몡 하객
办喜事	bàn xǐshì	동 혼사를 치르다, 결혼 잔치를 하다
伴娘	bànniáng	몡 (결혼식 때) 신부 들러리
伴郎	bànláng	몡 (결혼식 때) 신랑 들러리
新郎	xīnláng	몡 신랑
新娘	xīnniáng	몡 신부
亲戚	qīnqi	몡 친척
或者	huòzhě	접 ~이거나 혹은
还早着呢	hái zǎozhe ne	아직 이르잖아요, 아직 멀었잖아요

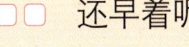

18과 我给你做伴郎吧。• 185

맛있는 회화

상황1 주거 문화에 대해 Track 122

金成功   四合院是中国传统住宅，是不是？
Sìhéyuàn shì Zhōngguó chuántǒng zhùzhái, shì bu shì?

高笑美   是啊。那你也知道石库门吗？
Shì a. Nà nǐ yě zhīdào shíkùmén ma?

金成功   石库门是上海地区的建筑样式。
Shíkùmén shì Shànghǎi dìqū de jiànzhù yàngshì.

상황2 중국인의 금기를 물을 때 Track 123

金成功   给中国人送礼物，有没有什么忌讳？
Gěi Zhōngguórén sòng lǐwù, yǒu méiyǒu shénme jìhuì?

高笑美   我们送礼一般❶不送人家❷钟表和伞。
Wǒmen sònglǐ yìbān bú sòng rénjiā zhōngbiǎo hé sǎn.

金成功   那送衣服没问题吧？
Nà sòng yīfu méi wèntí ba?

高笑美   这没问题。
Zhè méi wèntí.

상황3 중국인의 결혼식에 대해   Track 124

金成功 你们结婚的时候怎么宴请宾客的?
Nǐmen jiéhūn de shíhou zěnme yànqǐng bīnkè de?

高笑美 我们请他们喝喜酒、吃喜糖。
Wǒmen qǐng tāmen hē xǐjiǔ、chī xǐtáng.

金成功 你们办喜事还有伴娘、伴郎吧?
Nǐmen bàn xǐshì hái yǒu bànniáng、bànláng ba?

高笑美 对,他们一般是新郎新娘的亲戚或者朋友。
Duì, tāmen yìbān shì xīnláng xīnniáng de qīnqi huòzhě péngyou.

金成功 这样啊,那你结婚的时候,我给你做伴郎吧。
Zhèyàng a, nà nǐ jiéhūn de shíhou, wǒ gěi nǐ zuò bànláng ba.

高笑美 哎呀,那还早着❸呢。
Āiyā, nà hái zǎozhe ne.

Biz 맛있는 어법

| Grammar

❶ 형용사 一般

一般은 '보통이다, 일반적이다'라는 의미를 나타내는 형용사로 문장에서 술어, 부사어, 관형어로 쓰입니다.

술어 金代理的语言能力很强，很不一般。 김 대리의 언어 능력이 뛰어나네요. 보통이 아니에요.
Jīn dàilǐ de yǔyán nénglì hěn qiáng, hěn bú yìbān.

부사어 夏天一般都是五点半下班。 여름에는 보통 5시 반에 퇴근해요.
Xiàtiān yìbān dōu shì wǔ diǎn bàn xiàbān.

관형어 他的脾气和一般人不一样。 그의 성질은 보통 사람과 달라요.
Tā de píqi hé yìbān rén bù yíyàng.

* 语言 yǔyán 몡 언어
* 脾气 píqi 몡 성격, 성질

❷ 대명사 人家

人家는 대명사로 상대방이나 제3자, 본인을 가리킵니다.

상대방 那家公司在招人，我去应聘，人家会要吗?
Nà jiā gōngsī zài zhāo rén, wǒ qù yìngpìn, rénjiā huì yào ma?
그 회사에서 직원을 모집하는데, 제가 지원하면 그쪽에서 뽑아 줄까요?

제3자 你看人家小高多能干！ 미스 고 저 친구 좀 보세요. 얼마나 일을 잘하는지!
Nǐ kàn rénjiā Xiǎo Gāo duō nénggàn!

본인 人家摔倒了，你还笑！ 내가 넘어졌는데, 넌 웃음이 나니!
Rénjiā shuāidǎo le, nǐ hái xiào!

* 应聘 yìngpìn 동 지원하다
* 摔倒 shuāidǎo 동 넘어지다

❸ 동태조사 着(2) ➡ 동작의 지속

동태조사 着는 동작의 지속이나 상태의 지속을 표현합니다.

① 동작의 지속 : 주어가 어떤 동작을 계속하고 있음을 나타냅니다.

我弟弟坐着，我站着。 내 동생은 앉아 있고, 나는 서 있습니다.
Wǒ dìdi zuòzhe, wǒ zhànzhe.

外边下着雪。 밖에 눈이 오고 있어요.
Wàibian xiàzhe xuě.

② 상태의 지속 : 동작이 완료된 후 그 상태가 그대로 유지되고 있음을 나타냅니다.

小高穿着旗袍。 미스 고는 치파오를 입고 있습니다.
Xiǎo Gāo chuānzhe qípáo.

办公室里灯亮着。 사무실에 불이 켜져 있습니다.
Bàngōngshì li dēng liàngzhe.

* 旗袍 qípáo 명 치파오
  (*중국 전통 여성 의복)
* 灯 dēng 명 등, 등불

Biz 맛있는 문장 연습

| Practice of Sentences

Track 125

① 四合院 是中国传统 住宅 。

春节 Chūnjié 춘절
月饼 yuèbing 월병
二胡 èrhú 얼후
旗袍 qípáo 치파오

节日 jiérì 명절
食品 shípǐn 식품
乐器 yuèqì 악기
服饰 fúshì 복식

② 那送 衣服 没问题吧?

礼物 lǐwù 선물
酒 jiǔ 술
水果 shuǐguǒ 과일
特产 tèchǎn 특산물

③ 我们请他们 喝喜酒、吃喜糖 。

参观展览会 cānguān zhǎnlǎnhuì 전시회에 참관하다
打高尔夫球 dǎ gāo'ěrfūqiú 골프를 치다
游览名胜古迹 yóulǎn míngshèng gǔjì 명승고적을 유람하다
吃饭、唱歌 chīfàn、chànggē 밥 먹고, 노래하다

18과 我给你做伴郎吧。• 189

연습 문제

1 녹음을 잘 듣고 다음 내용에 맞는 그림을 고르세요. Track 126

A 　　　　B

C 　　　　D

❶ 　　　　❷

2 서로 어울리는 대화끼리 연결하세요.

❶ 你知道石库门吗?　　　•　　　• A 没问题。

❷ 给中国人送衣服没问题吧?　•　　• B 那还早着呢。

❸ 你们结婚的时候怎么宴请宾客的? •　• C 石库门是上海地区的建筑样式。

❹ 你结婚的时候，我给你做伴郎吧。•　• D 我们请他们喝喜酒。

3 빈칸에 들어갈 알맞은 단어를 고르세요.

| 一般 | 给 | 是不是 | 没 | 不 |

❶ 给中国朋友送衣服_____问题吧?

❷ 金代理, 我_____你做伴郎, 怎么样?

❸ 四合院是中国传统住宅, _____?

❹ 他们_____是新郎新娘的亲戚或者朋友。

4 다음을 중국어로 써 보세요.

❶ 저는 사합원(四合院)이 중국 전통 가옥이라는 걸 알아요.

  ➡ _____

❷ 중국 친구한테 우산을 선물하면 어때요?

  ➡ _____

❸ 스쿠먼(石库门)은 어느 지역의 건축 양식인가요?

  ➡ _____

❹ 당신이 결혼할 땐 제가 신부 들러리를 설게요.

  ➡ _____

문화 속으로

● 생활 속 금기 사항

어느 나라나 생활 속 금기 사항은 있게 마련이다. 중국도 예외는 아니다. 가장 대표적인 것이 연인들끼리 배를 나누어 먹지 않는 것! 배를 나눈다는 分梨(fēn lí)는 이별한다는 뜻의 分离(fēnlí)와 발음이 같아 연인이 배를 나누어 먹으면 정말로 이별하게 된다는 것이다. 우리나라에서 연인에게 신발을 선물로 주지 않는 것과 비슷하다고 보면 된다.

어촌에서는 생선 요리를 먹을 때 절대로 뒤집지 않는데, 이는 생선이 배(船)를 뜻하기 때문에 생선을 뒤집으면 배가 뒤집힌다는 불길한 의미를 갖고 있기 때문이다.

중국인들은 선물할 때도 금기시되는 것들이 있는데, 시계(钟表)와 우산(伞 sǎn), 부채(扇 shàn) 그리고 컵(杯子) 등이 그것이다. 시계를 선물하다(送钟 sòng zhōng)는 '送终(sòngzhōng 임종을 지키다)'과 발음이 같아 마치 죽음을 재촉하는 듯해 불길하고, 우산과 부채를 선물하면 우산과 부채의 발음이 '散(sàn 흩어지다)'과 비슷하거나 같아 헤어짐을 뜻하기 때문에 기피하고 컵은 발음이 '悲剧(bēijù 비극)'와 같아 불길하다는 것이다. '送终'과 관련해서는 이 발음과 같은 성씨, 즉 '宋(송 Sòng)과 钟(종 Zhōng)'씨와 결혼을 꺼리는 경우도 있다고 한다.

▲ 이별을 뜻하는 배

중국인들은 本命年(běnmìngnián 12년마다 돌아오는 자기 띠가 되는 해)을 액운이 드는 해라 여겨, 이를 막기 위해 빨간색 속옷을 입거나, 빨간색 벨트를 착용하는 풍습이 있다. 중국의 속옷 가게를 가면 빨간색 속옷이 빠지지 않고 진열되어 있는 것을 볼 수 있는데, 빨간 속옷의 용도 중에는 이렇듯 '액 받이' 기능도 있음을 알아두시길.

▲ 죽음을 의미하는 시계는 선물하지 않는다

이 밖에 침대를 배치할 때 거울과 마주보게 해서는 안 된다는 금기 사항도 있다. 거울은 원래 살기를 막는 것인데, 거울을 침대와 마주보게 하면 거울이 막아낸 살기가 반사되어 침대 위에 누운 사람에게로 그 기운이 뻗친다는 의미가 있기 때문이다.

때론 미신 같고 황당하게 느껴지는 금기들, 그러나 그러한 금기가 선인들의 삶 속에 녹아 있는 지혜라 생각한다면 지켜 주는 것이 맞는 것 같다. 지금은 비록 시간도 많이 흐르고, 시대도 변하고, 사람도 변했지만 분명히 '좋기 위해' 만들었을 '금기'일 테니까 말이다.

부록

- 정답 및 해설
- 찾아보기

정답 및 해석

01과 我们的产品在国内生产。
저희 제품은 국내에서 생산합니다.

맛있는 Biz 회화 | 해석 |

상황 1
韩 新: 여러분 주목하세요. 이분은 새로 오신 디자이너입니다.
姜 圆: 여러분, 안녕하세요! 저는 지앙위엔이라고 합니다.
金成功: 저희와 한 배를 타신 걸 환영합니다.

상황 2
金成功: 주 사장님, 귀사는 국영 기업인가요, 민영 기업인가요?
周 总: 저희는 민영 기업입니다.
金成功: 그럼 사장님께서 대표 이사이신가요?
周 总: 네. 제가 대표 이사입니다.

상황 3
客 户: 귀사의 신제품은 이미 출시되었나요?
金成功: 아직 출시 전입니다. 다음 주에 출시할 예정입니다.
客 户: 귀사 제품은 어디서 생산하나요?
金成功: 저희 제품은 국내에서 생산합니다.
客 户: 그럼 원자재는 국산인가요?
金成功: 네. 원자재는 다 국산입니다.

맛있는 Biz 문장 연습 | 해석 |

1.
- 이분은 새로 오신 디자이너입니다.
- 이분은 새로 오신 엔지니어입니다.
- 이분은 새로 오신 사장님입니다.
- 이분은 새로 오신 영업 팀장님입니다.
- 이분은 새로 오신 비서입니다.

2.
- 저희는 민영 기업입니다.
- 저희는 주식회사입니다.
- 저희는 합자 기업입니다.
- 저희는 독자 기업입니다.
- 저희는 국영 기업입니다.

3.
- 저희 제품은 국내에서 생산합니다.
- 저희 제품은 중국에서 생산합니다.
- 저희 제품은 인도에서 생산합니다.
- 저희 제품은 동남아에서 생산합니다.
- 저희 제품은 베트남에서 생산합니다.

Biz 연습 문제 | 정답 |

1. ① B   ② C

🎧 녹음 원문
① 男 这位是新来的设计师吗?
   女 不是,这位是新来的总经理。
② 男 你们的产品在哪儿生产?
   女 我们的产品在中国生产。

2. ① B   ② D   ③ A   ④ C
3. ① 准备   ② 好   ③ 还是   ④ 欢迎
4. ① 贵公司是私企(私人企业)吗?
   ② 这位是新来的总经理。
   ③ 贵公司的新产品上市了吗?
   ④ 原料都是国产的。

02과 你最近过得怎么样?
요즘 어떻게 지내세요?

맛있는 Biz 회화 | 해석 |

상황 1
客 户: 김 대리 그 친구 어떤가요?
韩 新: 그 친구 사람도 괜찮고, 업무 능력도 아주 뛰어나죠.
客 户: 그럼 그 친구 인재군요!
韩 新: 그렇고 말고요. 말하면 입만 아프죠.

상황 2
客 户: 오랜만이네요. 요즘 어떻게 지내세요?
金成功: 잘 지냅니다. 여전히 바쁘시죠?
客 户: 네. 매일 바빠서 죽을 지경입니다.

상황 3
金成功 오! 이게 누구야? 리우쥐엔 씨!
刘 娟 김성공 씨! 여긴 어떻게 왔어요?
金成功 이 회사 우리 협력사예요. 리우쥐엔 씨는요?
刘 娟 저는 여기서 일해요.
金成功 그래요? 이 회사는 대우가 괜찮죠?
刘 娟 네. 전 우리 회사에 만족하고 있어요.

맛있는 Biz 문장 연습 |해석|

❶ • 요즘 어떻게 지내세요?
  • 요즘 준비는 어떻게 되고 있나요?
  • 요즘 잠은 잘 자나요?
  • 요즘 노는 건 어때요?
  • 요즘 배우는 건 어때요?
❷ • 저는 여기서 일해요.
  • 저는 디자인 기업에서 일해요.
  • 저는 보험 회사에서 일해요.
  • 저는 대기업에서 일해요.
  • 저는 증권 회사에서 일해요.
❸ • 저는 이 회사에 만족해요.
  • 저는 이 제품에 만족해요.
  • 저는 이 휴대 전화에 만족해요.
  • 저는 이 가격에 만족해요.
  • 저는 이 호텔에 만족해요.

Biz 연습 문제 |정답|

❶ ① B   ② D

🎧 녹음 원문
① 男 你最近过得怎么样?
   女 过得很好。
② 男 咦! 这是谁呀? 刘娟!
   女 金成功! 好久不见!

❷ ① C   ② D   ③ B   ④ A
❸ ① 家   ② 人才   ③ 得   ④ 对
❹ ① 小高她人怎么样?
   ② 好久不见, 最近过得怎么样?
③ 咦! 这是谁呀?
④ 我在这个公司工作。

03과 张总的手机号码是多少?
장 사장님의 휴대 전화 번호는 몇 번인가요?

맛있는 Biz 회화 |해석|

상황 1
韩 新 김 대리, 장 사장님의 휴대 전화 번호가 몇 번인가?
金成功 장 사장님 휴대 전화 번호는 13913875632입니다.
韩 新 자네 말이 너무 빨라서, 잘 못 알아들었네. 다시 한번 말해 주겠나?

상황 2
客 户 여보세요! 김 대리님 계신가요?
高笑美 잠시만 기다리세요.
客 户 네. 고맙습니다.

상황 3
A   여보세요! 이 사장님이시죠?
金成功 여보세요! 어느 분 찾으세요?
A   이 사장님, 저 장가예요.
金成功 선생님, 전화 잘못 거셨어요. 이 전화는 이 사장님 거 아니에요.
A   그래요? 어이구, 미안해요, 실례했습니다.
金成功 괜찮습니다.

맛있는 Biz 문장 연습 |해석|

❶ • 김 대리, 장 사장님의 휴대 전화 번호는 몇 번인가요?
  • 김 대리, 당신의 집 전화번호는 몇 번인가요?
  • 김 대리, 귀사의 팩스 번호는 몇 번인가요?
  • 김 대리, 당신의 자동차 번호판은 몇 번인가요?
  • 김 대리, 이 사장님 사무실 호수는 몇 번인가요?

정답 및 해석

❷
- 다시 한번 말씀해 주시겠어요?
- 다시 한번 보여 주시겠어요?
- 다시 한번 들려 주시겠어요?
- 다시 한번 읽어 주시겠어요?
- 다시 한번 써 주시겠어요?

❸
- 여보세요! 김 대리님 계신가요?
- 여보세요! 허 대리님 계신가요?
- 여보세요! 미스 고 있나요?
- 여보세요! 김 사장님 계신가요?
- 여보세요! 장 부장님 계신가요?

Biz 연습 문제 | 정답 |

1 ① D　　② A

> 녹음 원문
> ① 男 张总的手机号码是多少？
> 　女 13913875632。
> ② 男 金代理在吗？
> 　女 对不起，他不在。

2 ① D　② A　③ B　④ C
3 ① 不好意思　② 老
　　③ 不是　　　④ 多少
4 ① 小高，韩部长的手机号码是多少？
　　② 张总，我是金成功。
　　③ 喂，您找哪位？
　　④ 小姐，你打错了。

04과 我给你发短信吧。
제가 문자 메시지를 보낼게요.

맛있는 Biz 회화 | 해석 |

상황 1
客　户　저한테 이메일 주소 좀 알려주실 수 있으세요?
金成功　네, 제가 문자 메시지 보내드릴게요.
客　户　그러세요.

상황 2
客　户　김 대리, 주 사장네 팩스 번호 알아요?
金成功　제가 지금 외부에 있거든요. 회사에 들어가서 알려드릴게요.
客　户　그래요, 김 대리 전화 기다릴게요.

상황 3
韩　新　판매량 분석 보고서, 다 썼나?
金成功　아직 다 못 썼어요. 오늘 오후에 다 쓸 수 있습니다.
韩　新　그럼 보고서 다 쓴 후에 내 메일로 보내주겠나?
金成功　예, 제가 퇴근 전에 꼭 보내드릴게요.
韩　新　음, 그럼 나 먼저 가 보겠네.
金成功　부장님, 들어가세요.

맛있는 Biz 문장 연습 | 해석 |

❶
- 제가 문자 메시지를 보내드릴게요.
- 제가 전화를 드릴게요.
- 제가 옷을 사 드릴게요.
- 제가 팩스를 보내드릴게요.
- 제가 우산을 드릴게요.

❷
- 제가 회사에 들어가서 알려드릴게요.
- 제가 집에 가서 알려드릴게요.
- 제가 그곳에 도착해서 알려드릴게요.
- 제가 귀국해서 알려드릴게요.
- 제가 그에게 묻고 나서 알려드릴게요.

❸
- 오늘 오후에 다 쓸 수 있습니다.
- 퇴근 전에 다 쓸 수 있습니다.
- 밤 12시 전에 다 쓸 수 있습니다.
- 다음 주에 다 쓸 수 있습니다.
- 올해 다 쓸 수 있습니다.

Biz 연습 문제 | 정답 |

1 ① D　　② B

> 녹음 원문
> ① 男 你能不能告诉我你的邮件地址？
> 　女 我给你发短信吧。

② 男 李代理，你知道周总那儿的传真号码吗？
　 女 我不知道，小高知道。

2 ① B　② C　③ D　④ A
3 ① 一定　② 给　③ 的　④ 在
4 ① 你告诉我金代理的邮件地址，好吗？
　　② 我到他们公司后再告诉你吧。
　　③ 今天晚上能写得完。
　　④ 那我先回家了。

05과 他正在开会。
그는 회의 중입니다.

맛있는 Biz 회화 | 해석 |

상황 1
高笑美 여보세요! 승리어패럴입니다.
客　户 여보세요! 307번으로 돌려 주세요.
高笑美 네. 잠시만 기다리세요.

상황 2
客　户 여보세요! 김 대리님 계신가요?
高笑美 회의 중이라, 지금 전화를 받을 수가 없습니다.
客　户 그래요? 그럼 제가 메모를 좀 남길 수 있을까요?
高笑美 네, 말씀해 주세요.

상황 3
高笑美 김 대리님, 방금 전에 상하이에서 장 사장님한테 전화 왔었어요.
金成功 그래요? 뭐라고 하시던가요?
高笑美 별 말씀 안 하시고, 대리님한테 전화 달라고 하시던데요.
金成功 네, 알겠어요. 바로 전화 넣을게요.
高笑美 아, 맞다! 부산에서 오신 바이어가 회의실에서 기다리세요.
金成功 네. 고마워요.

맛있는 Biz 문장 연습 | 해석 |

1
- 그는 회의 중이라, 지금 전화를 받을 수가 없습니다.
- 그는 밥을 먹는 중이라, 지금 전화를 받을 수가 없습니다.
- 그는 보고서를 쓰는 중이라, 지금 전화를 받을 수가 없습니다.
- 그는 바이어를 만나는 중이라, 지금 전화를 받을 수가 없습니다.
- 그는 상사에게 보고 중이라, 지금 전화를 받을 수가 없습니다.

2
- 그녀가 당신에게 전화 달라고 했어요.
- 그녀가 당신한테 고객에게 팩스를 보내주라고 했어요.
- 그녀가 당신한테 중국에 한 번 다녀오라고 했어요.
- 그녀가 당신한테 회사로 돌아오라고 했어요.
- 그녀가 당신한테 출장을 가라고 했어요.

3
- 부산에서 오신 바이어가 회의실에서 기다리세요.
- 장 사장님이 회의실에서 기다리세요.
- 중국 바이어가 회의실에서 기다리세요.
- 은행 직원이 회의실에서 기다리세요.
- 미스터 김(미스 김)이 회의실에서 기다리세요.

Biz 연습 문제 | 정답 |

1 ① D　② A

🎧 녹음 원문

① 男 喂! 请转307分机。
　 女 好的。请稍等。
② 男 从釜山来的客户在会议室等你。
　 女 好的，谢谢。

2 ① C　② A　③ B　④ D
3 ① 刚才　② 从　③ 马上　④ 稍
4 ① 喂，请转369分机。
　　② 老总正在开会，现在不能接电话。
　　③ 您可以留言。

정답 및 해석

④ 刚才张总说什么了?

06과 我比你小两岁。
제가 당신보다 두 살 어려요.

맛있는 Biz 회화 |해석|

상황 1
高笑美 김 대리님, 올해 나이가 어떻게 되세요?
金成功 올해 만 스물 아홉이오. 저보다 어리죠?
高笑美 제가 대리님보다 두 살 어려요.

상황 2
高笑美 한 부장님이 무슨 띠인지 아세요?
金成功 한 부장님은 쥐띠세요, 우리 둘 다 쥐띠죠.
高笑美 그럼 부장님이 대리님보다 12살이 많은 거죠, 그렇죠?
金成功 네, 부장님과 저는 띠동갑이에요.

상황 3
高笑美 김 대리님, 대리님은 너무 멋지신데, 왜 애인이 없을까요?
金成功 저도 왜 제가 애인이 없는지 모르겠어요.
高笑美 혹시 눈이 너무 높으신 거 아니에요?
金成功 그런 거 아니에요.
高笑美 그럼 어떤 아가씨를 좋아하세요?
金成功 저는 예쁘면서 현모양처 스타일을 좋아해요.
高笑美 제가 보기에는 눈이 그래도 아주 높으신데요.

맛있는 Biz 문장 연습 |해석|

1. • 제가 당신보다 두 살 어려요.
   • 제가 당신보다 세 살 어려요.
   • 제가 당신보다 여섯 살 어려요.
   • 제가 당신보다 여덟 살 어려요.
   • 제가 당신보다 열두 살 어려요.
2. • 한 부장님은 쥐띠세요, 저희 둘 다 쥐띠예요.
   • 한 부장님은 양띠세요, 저희 둘 다 양띠예요.
   • 한 부장님은 토끼띠세요, 저희 둘 다 토끼띠예요.
   • 한 부장님은 돼지띠세요, 저희 둘 다 돼지띠예요.
   • 한 부장님은 용띠세요, 저희 둘 다 용띠예요.
3. • 저는 예쁘면서 현모양처 스타일을 좋아해요.
   • 저는 귀엽고 유머 있는 스타일을 좋아해요.
   • 저는 똑똑하고 착한 스타일을 좋아해요.
   • 저는 싸고 예쁜 걸 좋아해요.
   • 저는 키가 크고 마른 스타일을 좋아해요.

Biz 연습 문제 |정답|

1. ① B   ② D

🎧 녹음 원문
① 男 金代理, 你今年多大了?
   女 我今年二十九周岁了。
② 男 你知道韩部长属什么吗?
   女 他属鼠。

2. ① C   ② D   ③ A   ④ B
3. ① 怎么 ② 又   ③ 多   ④ 都
4. ① 金代理, 你今年多大了?
   ② 你属猪吧?
   ③ 我比许代理大两岁。
   ④ 我喜欢又幽默又可爱的。

07과 我去过三次中国。
저는 중국에 세 번 가 봤어요.

맛있는 Biz 회화 |해석|

상황 1
高笑美 대리님은 중국에 몇 번 가 보셨어요?
金成功 저는 중국에 세 번 가 봤어요.
高笑美 대리님은 중국이 어땠어요?
金成功 정말 좋았어요, 전 중국을 아주 좋아해요.

상황 2
金成功 중국에는 8대 요리가 있지요?
高笑美 네. 대리님은 어떤 요리가 가장 맛있던가요?
金成功 저는 쓰추안 요리가 가장 맛있더라고요.

상황 3
金成功 중국인은 홀수를 좋아하나요, 짝수를 좋아하나요?
高笑美 우린 짝수를 좋아해요.
金成功 내 중국 친구가 중국인들은 6과 8을 좋아한다던데, 그래요?
高笑美 네 맞아요. 그럼 한국인들은요?
金成功 한국인은 홀수를 좋아해요.
高笑美 이건 우리랑 다르군요, 이런 걸 바로 문화 차이라고 하죠.

맛있는 Biz 문장 연습 |해석|

❶ • 중국에 몇 번 가 보셨어요?
  • 베이징에 몇 번 가 보셨어요?
  • 상하이에 몇 번 가 보셨어요?
  • 칭다오에 몇 번 가 보셨어요?
  • 홍콩에 몇 번 가 보셨어요?

❷ • 저는 쓰추안 요리가 가장 맛있더라고요.
  • 저는 광동 요리가 가장 맛있더라고요.
  • 저는 산동 요리가 가장 맛있더라고요.
  • 저는 후난 요리가 가장 맛있더라고요.
  • 저는 지앙쑤 요리가 가장 맛있더라고요.

❸ • 이건 우리랑 다르군요.
  • 이건 우리랑 같아요.
  • 이건 우리랑 거의 비슷해요.
  • 이건 우리랑 달라요.
  • 이건 우리랑 완전히 똑같아요.

Biz 연습 문제 |정답|

1 ① B ② C

🔊 녹음 원문

① 男 你去过几次中国?
   女 我去过三次中国。

② 男 中国人最喜欢"5和8"，对吗?
   女 不，中国人最喜欢"6和8"。

2 ① D ② C ③ B ④ A
3 ① 喜欢 ② 跟 ③ 次 ④ 最
4 ① 你去过几次香港?
    ② 我没去过中国。
    ③ 我觉得粤菜最好吃。
    ④ 你喜欢单数还是双数?

08과 我是坐公共汽车来上班的。
저는 시내버스를 타고 출근해요.

맛있는 Biz 회화 |해석|

상황 1
高笑美 대리님은 자가용으로 출근하세요?
金成功 아니요, 저는 시내버스를 타고 출근해요.
高笑美 왜 운전을 안 하세요?
金成功 자가용보다 시내버스 타는 게 더 빠르거든요.

상황 2
韩 新 김 대리, 자네 왜 아직 도착을 안 하지?
金成功 길이 엄청 막혀서요. 저 지금 택시 타고 있어요.
韩 新 그럼 어쩌나? 손님들이 다 오셨네.
金成功 죄송한데요, 먼저 드세요. 제가 금방 갈게요.

상황 3
金成功 미스 고는 뭐 타고 출근해요?
高笑美 저는 차를 타지 않고 걸어서 출근해요.
金成功 집에서 회사가 가깝나요?
高笑美 저희 집은 이 근처예요. 걸어서 10분이면 회사에 도착해요.
金成功 그렇구나! 저는 지하철을 한 시간 타고 와야 회사에 도착해요.
高笑美 그래요? 고생이 너무 많으시네요.

정답 및 해석 • 199

정답 및 해석

맛있는 Biz 문장 연습 | 해석 |

1.
- 저는 시내버스를 타고 출근해요.
- 저는 자전거를 타고 출근해요.
- 저는 지하철을 타고 출근해요.
- 저는 기차를 타고 출근해요.
- 저는 차를 운전해서 출근해요.

2.
- 먼저 드세요, 제가 금방 갈게요.
- 먼저 들어가세요, 제가 금방 갈게요.
- 먼저 보고 계세요, 제가 금방 갈게요.
- 먼저 이야기하고 계세요, 제가 금방 갈게요.
- 먼저 음식을 주문하고 계세요, 제가 금방 갈게요.

3.
- 저는 걸어서 10분이면 회사에 도착해요.
- 저는 걸어서 몇 분이면 도착해요.
- 저는 걸어서 30분이면 도착해요.
- 저는 걸어서 한 시간이면 도착해요.
- 저는 잠깐 걸으면 도착해요.

Biz 연습 문제 | 정답 |

1. ① A ② D

🎧 녹음 원문

① 男 你坐什么车来上班?
   女 我坐地铁来上班。
② 男 我走十分钟就能到公司。
   女 是吗? 我真羡慕你啊!

2. ① A ② C ③ D ④ B
3. ① 着 ② 正在 ③ 不如 ④ 马上
4. ① 我是坐地铁来上班的。
   ② 骑自行车不如坐车快。
   ③ 我们公司就在这儿附近。
   ④ 我走五分钟就能到家。

09과 一直往前走很快就到。
계속 앞으로 가시면 바로 도착해요.

맛있는 Biz 회화 | 해석 |

상황 1
高笑美 말씀 좀 여쭐게요, 광화문광장은 어떻게 가나요?
过路人 여기서 계속 앞으로 가시면 바로 도착해요.
高笑美 아저씨, 여기서 거기까지 얼마나 걸릴까요?
过路人 10분이면 도착해요.

상황 2
高笑美 실례합니다. 경복궁이 이 근처에 있나요?
过路人 아가씨, 경복궁은 여기가 아니에요.
高笑美 네? 저희가 길을 잘못 들었나요?
过路人 아가씨들 경복궁에 가려면, 3호선을 타야 해요.

상황 3
司 机 어서 오세요, 손님, 어디로 모실까요?
金成功 강남역이요.
司 机 손님, 어느 길로 가시겠어요?
金成功 지금 남산 3호 터널을 타면 막힐까요?
司 机 안 막힐 거예요.
金成功 그럼 됐어요, 그리로 가죠.
司 机 알겠습니다.

맛있는 Biz 문장 연습 | 해석 |

1.
- 말씀 좀 여쭐게요, 광화문광장은 어떻게 가나요?
- 말씀 좀 여쭐게요, 중산공원은 어떻게 가나요?
- 말씀 좀 여쭐게요, 동방명주는 어떻게 가나요?
- 말씀 좀 여쭐게요, 고궁은 어떻게 가나요?
- 말씀 좀 여쭐게요, 상하이박물관은 어떻게 가나요?

2.
- 여기서 계속 앞으로 가시면 바로 도착해요.
- 여기서 계속 동쪽으로 가시면 바로 도착해요.
- 여기서 계속 서쪽으로 가시면 바로 도착해요.
- 여기서 계속 뒤쪽으로 가시면 바로 도착해요.

- 여기서 계속 오른쪽으로 가시면 바로 도착해요.
❸ • 우리 그리로 가요.
  • 우리 이 길로 가요.
  • 우리 공항 고속 도로로 가요.
  • 우리 외곽 순환 도로로 가요.
  • 우리 상하이-항저우 간 고속 도로로 가요.

Biz 연습 문제 |정답|

1 ① C ② B

🎧 녹음 원문

① 男 请问，去光化门广场怎么走?
  女 从这儿一直往东走很快就到。
② 男 小姐，你要去哪儿?
  女 我去江南站。

2 ① C ② A ③ D ④ B
3 ① 错 ② 不 ③ 吗 ④ 得
4 ① 请问，去南大门怎么走?
  ② 从这儿一直往西走。
  ③ 金代理，你得坐四号线。
  ④ 我们走这条路吧。

10과 开会时间改了。
회의 시간이 바뀌었어요.

맛있는 Biz 회화 |해석|

상황 1
金成功 우리 몇 시에 회의해요?
高笑美 오후 3시 반에 제1회의실에서 해요.
金成功 네, 알겠어요.

상황 2
高笑美 김 대리님, 회의 시간이 바뀌었어요.
金成功 몇 시로 바뀌었는데요?
高笑美 2시 반으로 바뀌었어요. 얼른 회의실로 가 보세요.
金成功 알겠어요. 얼른 건너갈게요.

상황 3
金成功 부장님, 내일 부산 출장 가셔서, 언제 돌아오세요?
韩 新 내일 밤에 돌아올 수 있네.
金成功 부장님 모레 오전에 중국 바이어랑 만나셔야 되는 거 아시죠?
韩 新 알고 있네. 그분들은 언제 오시지?
金成功 오전 10시에 저희 회사에 도착하신다고 합니다.
韩 新 그럼 됐어. 내가 내일 좀 일찍 돌아오지.

맛있는 Biz 문장 연습 |해석|

❶ • 우리 몇 시에 회의해요?
  • 우리 언제 회의해요?
  • 우리 언제 회의해요?
  • 우리 며칠 날에 회의해요?
  • 우리 어디서 회의해요?
❷ • 얼른 회의실로 가 보세요.
  • 얼른 응접실로 가 보세요.
  • 얼른 사장실로 가 보세요.
  • 얼른 작업장으로 가 보세요.
  • 얼른 창고로 가 보세요.
❸ • 제가 내일 좀 일찍 돌아와야겠네요.
  • 제가 내일 좀 일찍 출발해야겠네요.
  • 제가 내일 좀 일찍 귀가해야겠네요.
  • 제가 내일 좀 일찍 출근해야겠네요.
  • 제가 내일 좀 일찍 일어나야겠네요.

Biz 연습 문제 |정답|

1 ① B ② D

🎧 녹음 원문

① 男 我们几点开会?
  女 下午三点半。
② 男 您明天去釜山出差，什么时候能回来?
  女 十四号晚上能回来。

2 ① B ② C ③ D ④ A

정답 및 해석

3 ① 第 ② 吧 ③ 了 ④ 点
4 ① 下午两点在第二会议室见，怎么样?
② 部长，您什么时候能回来?
③ 中国客户上午十一点到我们公司。
④ 明天早点上班吧。

11과 我把资料放在会议室了。
제가 자료를 회의실에 두었어요.

맛있는 Biz 회화 |해석|

韩 新 미스 고, 이 문서들 복사 좀 해 줄래요?
高笑美 네, 몇 부나 복사할까요?
韩 新 10부 복사하면 충분하네.

상황2
韩 新 오늘 주주 총회에 참가하는 인원이 얼마나 되나?
高笑美 모두 20분이세요.
韩 新 회의 자료는 다 준비되었나?
高笑美 제가 이미 회의실에 갖다 놓았어요.

상황3
韩 新 오늘은 제1분기 판매량에 대해 토론하도록 하겠습니다.
金成功 여러분 보시지요. 이건 판매량 분석 보고서입니다.
李大福 올해 1분기 판매량은 작년 동기 대비 몇 퍼센트 증가했습니까?
金成功 20% 증가했습니다.
李大福 그래, 잘했네! 여러분이 계속 노력해주길 바랍니다.
金成功 저희가 배로 더 열심히 하겠습니다.

맛있는 Biz 문장 연습 |해석|

1 • 제가 이미 그것을 회의실에 갖다 놓았어요.
• 제가 이미 회의 자료를 회의실에 갖다 놓았어요.
• 제가 이미 시장 조사 보고서를 회의실에 갖다 놓았어요.
• 제가 이미 그의 이력서를 회의실에 갖다 놓았어요.
• 제가 이미 견적서를 회의실에 갖다 놓았어요.

2 • 올해 제1분기 판매량이 20% 증가했습니다.
• 올해 제1분기 판매량이 7% 증가했습니다.
• 올해 제1분기 판매량이 33% 증가했습니다.
• 올해 제1분기 판매량이 50% 증가했습니다.
• 올해 제1분기 판매량이 200% 증가했습니다.

3 • 저희가 배로 더 열심히 하겠습니다.
• 저희가 돌아오겠습니다.
• 저희가 준비를 잘하겠습니다.
• 저희가 그들을 돕겠습니다.
• 저희가 배상을 하겠습니다.

Biz 연습 문제 |정답|

1 ① C   ② B

녹음 원문
① 男 参加股东大会的人有多少?
女 一共十个人。
② 男 今年第一季度的销量增加了多少?
女 增加了20%。

2 ① C ② D ③ A ④ B
3 ① 请 ② 一下 ③ 把 ④ 份
4 ① 金代理，你把会议资料复印一下，好吗?
② 这是我写的报告。
③ 大家都准备好了吗?
④ 你把这些文件放在我的桌子上吧。

12과 电脑被病毒感染了。
컴퓨터가 바이러스에 감염됐어요.

맛있는 Biz 회화 |해석|

상황 1
金成功 복사기가 왜 고장이 났죠?
高笑美 저도 모르겠어요.
金成功 어제만 해도 괜찮았는데, 정말 이상하네요.

상황 2
金成功 프린트 용지 한 장에 단면만 인쇄하면 낭비 아닌가요?
高笑美 그럼 앞으로 양면 인쇄를 하면 어떨까요?
金成功 좋은 생각이네요. 이렇게 하면 프린트 용지를 절약할 수 있을 거예요.

상황 3
高笑美 대리님 컴퓨터가 왜 그래요?
金成功 제 컴퓨터가 바이러스에 감염됐어요.
高笑美 그래요? AS 센터에 연락했어요?
金成功 연락했어요. AS 센터에서 오후에 수리하러 오신대요.
高笑美 수리할 수 있대요?
金成功 수리할 수 있대요.

맛있는 Biz 문장 연습 |해석|

1.
 - 복사기가 왜 고장이 났죠?
 - 프린터가 왜 고장이 났죠?
 - 컴퓨터가 왜 고장이 났죠?
 - 팩스가 왜 고장이 났죠?
 - 디지털카메라가 왜 고장이 났죠?
2.
 - 이렇게 하면 프린트 용지를 절약할 수 있을 거예요.
 - 이렇게 하면 원료를 절약할 수 있을 거예요.
 - 이렇게 하면 자금을 절약할 수 있을 거예요.
 - 이렇게 하면 인력을 절약할 수 있을 거예요.
 - 이렇게 하면 경비를 절약할 수 있을 거예요.
3.
 - AS 센터에 연락했어요?

- 중국 바이어와 연락했어요?
- 세관과 연락했어요?
- 공급 업체와 연락했어요?
- 제조사와 연락했어요?

Biz 연습 문제 |정답|

1. ① D ② B

 녹음 원문

① 男 复印机怎么坏了?
   女 我也不知道。
② 男 你跟维修中心联系了没有?
   女 联系了。

2. ① C ② D ③ A ④ B
3. ① 来 ② 谁 ③ 怎么样 ④ 跟
4. ① 昨天还好好儿的，今天怎么坏了?
   ② 电脑被病毒感染了。
   ③ 你跟维修中心联系了吗?
   ④ 我们得节省打印纸。

13과 您又升职了?
또 승진하셨어요?

맛있는 Biz 회화 |해석|

상황 1
金成功 부장님, 휴가를 이틀 냈으면 하는데요.
韩 新 무슨 일이지?
金成功 어머니가 입원하셨는데, 제가 돌봐드려야 해서요.
韩 新 알겠네. 휴가 신청서 작성하고 바로 가게.

상황 2
金成功 내년에 회사에서 임금 인상을 한다는대요.
高笑美 정말요? 얼마나 올린대요?
金成功 30%요.
高笑美 와! 대박이다!

정답 및 해석

상황3
金成功 전 부장님, 또 승진하셨어요? 축하드립니다.
全部长 고맙네, 고마워!
金成功 전 부장님, 전 정말로 부장님의 업무 능력에 감탄할 뿐입니다.
全部长 쑥스럽구만, 사실 뭐 특별한 건 아니고, 그저 내 일을 좋아할 뿐이지.
金成功 자신의 일을 좋아하면, 성과가 따른다는 말씀이신가요?
全部长 그렇지! 간단하지?

맛있는 Biz 문장 연습 |해석|

①
- 저는 휴가를 이틀 냈으면 합니다.
- 저는 휴가를 열흘 냈으면 합니다.
- 저는 휴가를 2주 냈으면 합니다.
- 저는 휴가를 3개월 냈으면 합니다.
- 저는 휴가를 1년 냈으면 합니다.

②
- 내년에 회사에서 임금 인상을 한다고 합니다.
- 내년에 회사에서 인원을 감원한다고 합니다.
- 내년에 회사에서 직원을 모집한다고 합니다.
- 내년에 회사가 상장한다고 합니다.(내년에 회사에서 출시된다고 합니다.)
- 내년에 회사가 새 빌딩으로 이사한다고 합니다.

③
- 저는 정말로 당신의 업무 능력에 감탄할 뿐입니다.
- 저는 정말로 그의 용기에 감탄할 뿐입니다.
- 저는 정말로 그녀의 협상 능력에 감탄할 뿐입니다.
- 저는 정말로 당신의 두려움을 모르는 정신에 감탄할 뿐입니다.
- 저는 정말로 그의 중국어 실력에 감탄할 뿐입니다.

Biz 연습 문제 |정답|

1 ① A   ② D

🎧 녹음 원문

① 男 部长，我想请两天假。
　 女 你填好请假单就去吧。
② 男 明年公司要加20%工资。
　 女 哇! 太好了!

2 ① C   ② A   ③ D   ④ B
3 ① 只要   ② 就   ③ 听说   ④ 吧
4 ① 你想请几天假？
　 ② 我妈妈住院了，我得去看看。
　 ③ 听说，下个月公司要发奖金。
　 ④ 您又升职了？我真佩服您！

14과 我们得跟老总商量商量。
저희는 사장님과 상의해 봐야 해요.

맛있는 Biz 회화 |해석|

상황1
韩 新 하계 신제품에 대한 시장 반응이 어떤가?
金成功 저희가 조사 중입니다.
韩 新 결과는 언제 나오나?
金成功 내일이면 나올 것 같습니다.

상황2
张厂长 지금 공장에 인력이 부족해서, 작업장에 노동자가 몇 명 필요해요.
全部长 이 일은 사장님과 상의해 봐야 합니다.
张厂长 제가 어제 이미 사장님께 말씀드렸는데요.
全部长 그래요? 그럼 제가 지금 확인해 볼게요.

상황3
客 户 귀사는 중국에서 가공을 하는데, 할 만한가요?
金成功 힘들어요, 자꾸 문제도 생기고요.
客 户 가장 큰 골칫거리가 뭔가요?
金成功 두 나라 사이에 정서가 다르니 때로는 소통이 잘 안 되죠.
客 户 또 무슨 문제가 있나요?
金成功 가공 원가가 갈수록 높아져서, 이것도 문제예요.

맛있는 Biz 문장 연습 |해석|

❶
- 저희는 조사 중입니다.
- 저희는 수집 중입니다.
- 저희는 관찰 중입니다.
- 저희는 통계 중입니다.
- 저희는 토론 중입니다.

❷
- 제가 어제 이미 사장님께 말씀을 드렸습니다.
- 제가 어제 상대방 측에 말씀을 드렸습니다.
- 제가 어제 경찰 측에 말씀을 드렸습니다.
- 제가 어제 공장장님께 말씀을 드렸습니다.
- 제가 어제 상사에게 말씀을 드렸습니다.

❸
- 가공 원가가 갈수록 높아지고 있습니다.
- 품질이 갈수록 높아지고 있습니다.
- 인기가 갈수록 높아지고 있습니다.
- 행복 지수가 갈수록 높아지고 있습니다.
- 오일 소모량이 갈수록 높아지고 있습니다.

Biz 연습 문제 |정답|

❶ ① B   ② A

🎧 녹음 원문

① 男 调查结果什么时候能出来?
   女 四号会出来的。
② 男 现在车间需要五个工人。
   女 这我们得跟老总商量商量。

❷ ① D   ② C   ③ A   ④ B
❸ ① 还   ② 过   ③ 一样   ④ 呢
❹ ① 对秋季新产品的市场反应，怎么样？
   ② 最近厂里人手不够。
   ③ 我已经跟厂长说过了。
   ④ 原料价格越来越高了。

15과 先看看情况再说吧。
우선 상황을 지켜본 후에 다시 얘기해요.

맛있는 Biz 회화 |해석|

상황 1
金成功 주식 시세가 계속 오르고 있는데, 내가 산 주식은 오히려 끊임없이 곤두박질치고 있으니 참.
高笑美 그럼 손해를 많이 보셨겠어요?
金成功 반년도 안 돼서 10만 위엔이나 손해 봤어요.

상황 2
韩 新 최근에 인민폐가 또 절상되었군.
金成功 그럼 지금 상품을 수입하는 건 안 좋겠죠?
韩 新 그렇지. 우리 우선 상황을 지켜본 후에 다시 얘기하자고.

상황 3
金成功 자네 새집 샀지? 축하하네.
许代理 축하는 무슨, 대출 받아 산 건데 뭘.
金成功 은행에서 대출을 얼마나 받았는데?
许代理 집값의 40% 대출 받았어.
金成功 괜찮네. 그럼 언제 새집으로 이사하나?
许代理 다음 달 초에 이사해.

맛있는 Biz 문장 연습 |해석|

❶
- 반년도 안 돼서 10만 위엔이나 손해 봤어요.
- 반년도 안 돼서 몇 천 위엔이나 손해 봤어요.
- 반년도 안 돼서 십 몇 만 위엔이나 손해 봤어요.
- 반년도 안 돼서 2만 달러나 손해 봤어요.
- 반년도 안 돼서 5천 유로나 손해 봤어요.

❷
- 우리 우선 상황을 지켜본 후에, 다시 얘기해요.
- 우리 우선 상의를 한 후에, 다시 얘기해요.
- 우리 우선 뉴스를 다 본 후에, 다시 얘기해요.
- 우리 우선 그의 설명을 들은 후에, 다시 얘기해요.
- 우리 우선 맛을 본 후에, 다시 얘기해요.

❸
- 그럼 당신은 언제 새집으로 이사하나요?
- 그럼 당신은 언제 판매하나요?
- 그럼 당신은 언제 가져다주나요?

정답 및 해석

- 그럼 당신은 언제 제출하나요?
- 그럼 당신은 언제 가지고 돌아가나요?

Biz 연습 문제 | 정답 |

1 ① D ② A

> 녹음 원문
> ① 男 你亏了不少吧?
>   女 不到半年我就亏了10万了。
> ② 男 你从银行里贷了多少?
>   女 房价的50%。

2 ① B ② A ③ D ④ C
3 ① 地 ② 是 ③ 进去 ④ 又
4 ① 你亏了多少?
  ② 我买的股票不停地涨。
  ③ 我们先看看情况再说吧。
  ④ 我想贷款买房子。

16과 我想换人民币。
인민폐로 환전하려고요.

맛있는 Biz 회화 | 해석 |

상황 1
金成功 안녕하세요, 계좌를 하나 만들려고요.
银行职员 손님, 먼저 이 표를 작성해 주시고요, 그다음 신분증을 보여 주세요.
金成功 네, 여기 제 신분증이오.

상황 2
银行职员 손님, 인민폐로 얼마나 바꾸실 건가요?
金成功 2,000위엔 인민폐로 바꾸려고요.
银行职员 손님은 원화를 인민폐로 바꾸실 건가요?
金成功 네, 원화를 인민폐로 바꿀 거예요.

상황 3
高笑美 한국에서 중국으로 송금할 때, 직접 인민폐를 보낼 수 있나요?
金成功 그건 아직 안 돼요, 지금은 달러 송금만 가능한 것 같아요.
高笑美 그렇군요. 참 번거롭네요.
金成功 왜요, 송금하게요?
高笑美 집에 돈 좀 보내려고요.
金成功 그럼 반드시 먼저 원화를 달러로 바꾼 다음에 보내야 해요.

맛있는 Biz 문장 연습 | 해석 |

1
- 먼저 이 표를 작성해 주시고요, 그다음 신분증을 보여 주세요.
- 먼저 이 표를 작성해 주시고요, 그다음 여권을 보여 주세요.
- 먼저 이 표를 작성해 주시고요, 그다음 운전 면허증을 보여 주세요.
- 먼저 이 표를 작성해 주시고요, 그다음 신분 증명서를 보여 주세요.
- 먼저 이 표를 작성해 주시고요, 그다음 참관증을 보여 주세요.

2
- 인민폐로(를) 얼마나 바꾸실 건가요?
- 원화로(를) 얼마나 바꾸실 건가요?
- 달러로(를) 얼마나 바꾸실 건가요?
- 엔화로(를) 얼마나 바꾸실 건가요?
- 유로로(를) 얼마나 바꾸실 건가요?

3
- 집에 돈 좀 보내려고요.
- 집에 물건을 좀 부치려고요.
- 집에 부담을 좀 덜어 드리려고요.
- 집에 냉장고 한 대를 사 드리려고요.
- 집에 에어컨을 설치하려고요.

Biz 연습 문제 | 정답 |

1 ① C ② B

> 녹음 원문
> ① 男 你好, 我想开一个账户。
>   女 您给我看看您的身份证, 好吗?
> ② 男 您想换多少人民币?
>   女 我想换两千人民币。

2 ① C　② D　③ A　④ B
3 ① 用　② 再　③ 张　④ 一点儿
4 ① 我想开一个账户。
　　② 先生，您先给我看看护照，好吗？
　　③ 把韩币换成人民币吧。
　　④ 我想换两千美元。

17과 我们吃长寿面。
우리는 장수면을 먹어요.

맛있는 Biz 회화 |해석|

상황 1
高笑美 한국인들은 생일날에 무엇을 먹나요?
金成功 생일날 아침에 우리는 미역국을 먹어요. 중국은요?
高笑美 우리는 장수면을 먹는답니다.

상황 2
金成功 추석에 중국은 며칠 동안 쉬나요?
高笑美 우리는 3일 동안 쉬어요.
金成功 추석 때 중국인들도 달 보러 가나요?
高笑美 네, 우리도 달구경해요.

상황 3
金成功 설이 코앞인데, 설 때, 중국 사람들도 떡국을 먹어요?
高笑美 우리는 떡국을 안 먹어요.
金成功 그럼 중국인들은 무엇을 먹어요?
高笑美 중국인은 설을 쇨 때, 남방인들은 설떡을, 북방인들은 만두를 먹어요.
金成功 그래요? 중국인들은 설 때 또 어떤 풍습이 있어요?
高笑美 우리는 폭죽을 터뜨리고, 홍등을 걸고, 대련도 붙이죠.
金成功 거기도 세뱃돈이 있나요?
高笑美 그럼요. 우리도 세뱃돈이 있어요.

맛있는 Biz 문장 연습 |해석|

①
• 추석 때 당신들도 달 보러 가나요?
• 추석 때 당신들도 월병을 먹나요?
• 추석 때 당신들도 집에 가나요?
• 추석 때 당신들도 휴가를 주나요?
• 추석 때 당신들도 잘 보내나요?

②
• 설이 다가옵니다.
• 여름휴가가 다가옵니다.
• 겨울이 다가옵니다.
• 납기일이 다가옵니다.
• 결혼기념일이 다가옵니다.

③
• 당신들은 설 때 또 어떤 풍습이 있나요?
• 당신들은 단오절에 또 어떤 풍습이 있나요?
• 당신들은 청명절에 또 어떤 풍습이 있나요?
• 당신들은 정월대보름에 또 어떤 풍습이 있나요?
• 당신들은 중양절에 또 어떤 풍습이 있나요?

Biz 연습 문제 |정답|

1 ① A　② D

🎧 녹음 원문
① 男 你们过生日那天吃什么？
　 女 我们吃长寿面。
② 男 中秋节你们也赏月吗？
　 女 对，我们也赏月。

2 ① B　② C　③ D　④ A
3 ① 还　② 呢　③ 放　④ 快
4 ① 生日那天我们吃长寿面。
　　② 中秋节你们也放假吧？
　　③ 春节快要到了，小高回中国吗？
　　④ 南方人吃年糕，北方人吃饺子。

정답 및 해석

 我给你做伴郎吧。
제가 신랑 들러리를 설게요.

맛있는 Biz 회화 |해석|

상황 1
金成功 사합원이 중국 전통 가옥 맞죠?
高笑美 네, 그럼 대리님 스쿠먼도 아세요?
金成功 스쿠먼은 상하이 지역의 건축 양식이죠.

상황 2
金成功 중국인한테 선물할 때, 주면 안 되는 게 있나요?
高笑美 저희는 선물할 때 보통 시계와 우산은 주지 않아요.
金成功 그럼 옷을 선물하는 건 괜찮죠?
高笑美 그건 괜찮아요.

상황 3
金成功 중국인들은 결혼할 때 하객들에게 무엇을 대접하죠?
高笑美 우리는 하객들에게 결혼식 술과 결혼식 사탕을 대접해요.
金成功 중국인들 결혼식에는 신부 들러리와 신랑 들러리가 있죠?
高笑美 네, 들러리는 보통 신랑 신부의 친척이나 친구예요.
金成功 그렇군요. 그럼 미스 고가 결혼할 때는 내가 신랑 들러리를 설게요.
高笑美 아이구! 그건 아직 멀었어요.

맛있는 Biz 문장 연습 |해석|

1. • 사합원은 중국 전통 가옥입니다.
 • 춘절은 중국 전통 명절입니다.
 • 월병은 중국 전통 식품입니다.
 • 얼후는 중국 전통 악기입니다.
 • 치파오는 중국 전통 복식입니다.
2. • 그럼 옷을 선물하는 건 괜찮나요?
 • 그럼 선물을 주는 건 괜찮나요?
 • 그럼 술을 선물하는 건 괜찮나요?
 • 그럼 과일을 선물하는 건 괜찮나요?
 • 그럼 특산물을 선물하는 건 괜찮나요?
3. 우리는 하객들에게 결혼식 술과 결혼식 사탕을 대접해요.
 • 우리는 그들에게 전시회에 참관하도록 청했어요.
 • 우리는 그들에게 골프를 치기를 청했어요.
 • 우리는 그들에게 명승고적을 유람하기를 청했어요.
 • 우리는 그들에게 밥 먹고, 노래하기를 청했어요.

Biz 연습 문제 |정답|

1. ① C　　② B

녹음 원문
① 男 四合院是中国传统住宅吧?
　女 对! 对!
② 男 给中国人送礼物，有没有不该给的?
　女 我们送礼一般不送人家钟表和伞。

2. ① C　② A　③ D　④ B
3. ① 没　② 给
 ③ 是不是　④ 一般
4. ① 我知道四合院是中国传统住宅。
 ② 给中国朋友送伞，怎么样?
 ③ 石库门是哪个地区的建筑样式?
 ④ 你结婚的时候，我给你做伴娘吧。

찾아보기

A

哎呀 āiyā	감탄 아이고!, 저런!, 어머!	35
癌症 áizhèng	명 암	98
按时 ànshí	부 제때에	98

B

把 bǎ	전 ~를	115
搬 bān	동 옮기다	118, 155
搬家 bānjiā	동 이사하다	155
办喜事 bàn xǐshì	혼사를 치르다, 결혼 잔치를 하다	185
半 bàn	수 반	105
半年 bànnián	명 반년	155
伴郎 bànláng	명 (결혼식 때) 신랑 들러리	185
伴娘 bànniáng	명 (결혼식 때) 신부 들러리	185
报告 bàogào	명 보고서 동 보고하다	45
北方 běifāng	명 북방	175
被 bèi	전 ~에게 ~당하다, ~로부터 ~당하다	125
比 bǐ	전 ~보다	65
必须 bìxū	부 반드시	165
鞭炮 biānpào	명 폭죽	175
遍 biàn	양 번, 차례, 회	35
表 biǎo	명 표	165
别 bié	부 ~하지 마라	158
宾客 bīnkè	명 하객	185
病 bìng	명 병, 질병 동 병나다	48
病毒 bìngdú	명 바이러스	125
不敢当 bù gǎndāng	천만의 말씀입니다	135
不好意思 bù hǎoyìsi	창피하다, 죄송하다	35
不会 bú huì	~할 리가 없다	95
不如 bùrú	동 ~만 못하다	85

C

才 cái	부 비로소	85
菜系 càixì	명 요리의 계통	75
参加 cānjiā	동 참가하다	115
曾经 céngjīng	부 일찍이, 이전에	78
差异 chāyì	명 차이, 다른점	75
产量 chǎnliàng	명 생산량	68
长寿面 chángshòumiàn	명 장수면	175
厂 chǎng	명 공장	145
唱歌 chànggē	동 노래를 부르다	28
炒股 chǎogǔ	동 주식 투자를 하다	148
车间 chējiān	명 작업장, 현장	145
成 chéng	동 완성하다, ~가 되다	165
成本 chéngběn	명 원가, 자본금	145
成功 chénggōng	동 성공하다	138
成就 chéngjiù	명 성과, 업적	135
成立 chénglì	동 창립하다, 설립하다	178
出来 chūlai	동 나오다	145
出去 chūqu	동 나가다	45
出现 chūxiàn	동 출현하다, 나타나다	145
初 chū	명 처음, 최초	155
川菜 Chuāncài	명 쓰추안 요리	75
传统 chuántǒng	명 전통	185
传真 chuánzhēn	명 팩스	45
吹 chuī	동 바람이 불다	128

D

打 dǎ	동 때리다	128
打扰 dǎrǎo	동 폐를 끼치다, 방해하다	35
打扫 dǎsǎo	동 청소하다	38
打算 dǎsuan	동 ~하려고 하다	168
打印 dǎyìn	동 프린터하다	125
打印纸 dǎyìnzhǐ	명 프린터 용지	125

찾아보기

打字 dǎzì	통 타자하다	125
大 dà	형 나이가 많다	65
带 dài	통 (몸에) 지니다, 휴대하다	108
贷款 dàikuǎn	통 대출하다	155
单数 dānshù	명 홀수	75
蛋糕 dàngāo	명 케이크	118
倒霉 dǎoméi	형 재수 없다	28
地 de	조 부사어를 만들 때 씀	155
得 de	조 정도보어와 가능보어를 만들 때 술어와 보어 사이에 위치함	25
……的话 ……dehuà	~한다면	95
得 děi	조동 ~해야만 한다	95
灯 dēng	명 등, 등불	188
等 děng	통 기다리다	35
地区 dìqū	명 지역, 지구	185
地址 dìzhǐ	명 주소	45
第一 dì-yī	수 첫 번째, 맨 처음	105
点头 diǎntóu	통 (동의·승낙의 표시로) 고개를 끄덕이다	138
电脑 diànnǎo	명 컴퓨터	125
调查 diàochá	통 조사하다	145
跌 diē	통 (물가가) 내리다, 떨어지다, 미끄러지다	155
董事长 dǒngshìzhǎng	명 이사장, 대표 이사, 회장	15
动手 dòngshǒu	통 착수하다	138
堵车 dǔchē	통 차가 막히다	85
短信 duǎnxìn	명 문자 메시지	45
对 duì	전 ~에 대해	25
对待 duìdài	통 대하다	158
对联 duìlián	명 대련	175
吨 dūn	양 톤	68
多 duō	부 얼마나	65
多长时间? duō cháng shíjiān?	시간이 얼마나 걸리나요?	95

F

发 fā	통 보내다, 발송하다	45
反应 fǎnyìng	명 반응 통 반응하다	145
房价 fángjià	명 집값, 건물 가격	155
房子 fángzi	명 집, 건물	68, 155
放 fàng	통 놓다	115
放假 fàngjià	통 휴가를 보내다(주다)	175
分机 fēnjī	명 내선	55
分析 fēnxī	통 분석하다	45
分钟 fēnzhōng	명 분	85
份 fèn	양 부, 권	115
附近 fùjìn	명 근처	85
复印 fùyìn	통 복사하다	115

G

该 gāi	조동 ~해야 한다	98
改 gǎi	통 고치다, 바꾸다	105
改成 gǎichéng	통 고쳐서 ~으로 하다	105
感染 gǎnrǎn	통 감염되다	125
感兴趣 gǎn xìngqù	관심이 있다	26
干 gàn	통 일하다	148
刚才 gāngcái	명 방금	55
告诉 gàosu	통 알리다	45
跟……一样 gēn……yíyàng	~와 같다	75
工人 gōngrén	명 노동자	145
公共汽车 gōnggòng qìchē	명 시내버스	85
沟通 gōutōng	통 소통하다	145
够 gòu	통 충분하다 부 제법, 비교적	115
姑娘 gūniang	명 아가씨	65
股东大会 gǔdōng dàhuì	명 주주 총회	115
股票 gǔpiào	명 주식	155
股市 gǔshì	명 주식 시장	155
挂 guà	통 달다, 매달다	175

冠军 guànjūn	명 우승, 1등	98
广场 guǎngchǎng	명 광장	95
国产 guóchǎn	형 국산의, 국내에서 생산한	15
国内 guónèi	명 국내	15
国企 guóqǐ	명 국영 기업	15
国情 guóqíng	명 국정, 나라의 정세	145
过 guò	동 지내다, (날을) 보내다	25
过来 guòlai	동 건너오다	105
过路人 guòlùrén	명 행인	95
过年 guònián	동 설을 지내다, 새해를 맞다	175
过去 guòqu	동 지나가다	105
过 guo	조 ~한 적이 있다	75

H

还给 huángěi	동 ~에게 돌려주다	118
还没……呢 hái méi……ne	아직 ~하지 않았다	15
还是 háishi	부 여전히	25
还早着呢 hái zǎozhe ne	아직 이르잖아요, 아직 멀었어요	185
海带汤 hǎidàitāng	명 미역국	175
韩币 Hánbì	명 원화	165
好 hǎo	동 ~하기에 좋다, 편하다	145
好像 hǎoxiàng	부 ~와 같다	165
好主意 hǎo zhǔyi	좋은 생각, 멋진 생각	125
号 hào	명 번호, 호(수)	95
号码 hàomǎ	명 번호	35
号线 hàoxiàn	명 호선	95
合适 héshì	형 적합하다, 알맞다	155
合同 hétong	명 계약	178
合作 hézuò	동 협력하다, 합작하다	25
和 hé	전 ~와 접 그리고	75
红灯 hóngdēng	명 홍등	175
坏 huài	형 고장 나다, 나쁘다	125

欢迎 huānyíng	동 환영하다	15
环境 huánjìng	명 환경	158
换 huàn	동 바꾸다, 환전하다	165
回来 huílai	동 돌아오다	105
汇 huì	동 송금하다	165
汇款 huìkuǎn	동 송금하다	165
会……的 huì……de	~할 것이다	115
会议室 huìyìshì	명 회의실	55
伙伴 huǒbàn	명 파트너, 동반자	25
或者 huòzhě	접 ~이거나 혹은	185
货款 huòkuǎn	명 물건 값	118

J

机票 jīpiào	명 비행기 표	48
急 jí	동 서두르다	158
忌讳 jìhuì	명 금기, 터부 동 금기하다	185
季度 jìdù	명 분기	115
继续 jìxù	동 계속하다	115
加 jiā	동 더하다, 보태다	135
加倍 jiābèi	동 갑절이 되게 하다 부 갑절로, 두 배로	115
加入 jiārù	동 가입하다, 참여하다, 합류하다	15
家 jiā	양 회사, 병원, 호텔 등을 세는 단위	25
简单 jiǎndān	형 간단하다, 단순하다	135
建筑 jiànzhù	명 건축	185
讲 jiǎng	동 말하다	55
饺子 jiǎozi	명 만두	175
接 jiē	동 맞이하다, (전화를) 받다	55
节省 jiéshěng	동 절약하다	125
结果 jiéguǒ	명 결과	145
结婚 jiéhūn	동 결혼하다	185

찾아보기

解释 jiěshì	통 설명하다	168
进口 jìnkǒu	통 수입하다	155
进去 jìnqu	통 들어가다	155
经常 jīngcháng	부 자주, 항상	18
酒店 jiǔdiàn	명 호텔	158

K

开 kāi	통 운전하다, 열다	85
开会 kāihuì	통 회의하다	55
客户 kèhù	명 바이어, 거래처	15
客人 kèrén	명 손님, 고객	18, 85
快 kuài	형 빠르다	35
快要……了 kuàiyào……le	곧 ~하게 되다	175
款 kuǎn	양 종류, 모양	148
亏 kuī	통 손해를 보다	155

L

来劲儿 lái jìnr	통 힘이 솟다, 기운이 나다	148
浪费 làngfèi	통 낭비하다	125
老 lǎo	접두 나이든 사람의 호칭에 쓰임 / 부 늘, 언제나	35, 145
了 le	조 동작의 발생, 완료, 새로운 상황의 출현, 임박태 등을 나타냄	15
礼物 lǐwù	명 선물	185
厉害 lìhai	형 대단하다, 심하다	85
俩 liǎ	수 두 개, 두 사람	65
联系 liánxì	통 연락하다	125
亮 liàng	형 밝다	178
辆 liàng	양 대, 차량(차량을 세는 단위)	18
凌晨 língchén	명 새벽	48
留言 liúyán	통 메모를 남기다	55
流利 liúlì	형 (말·문장이) 유창하다	28
路上 lùshang	명 길 위, 도중	85
轮 lún	양 순환되는 사물이나 동작에 쓰임	65

M

麻烦 máfan	형 번거롭다	165
马上 mǎshàng	부 바로	55
骂 mà	통 욕하다	128
满意 mǎnyì	형 만족하다	25
没的说 méi de shuō	말할 필요가 없다, 흠잡을 데 없이 아주 훌륭하다	25
没事儿 méishìr	괜찮아요	35
没问题 méi wèntí	문제없다	185
美元 Měiyuán	명 달러	165
迷路 mílù	통 길을 잃다	98
米 mǐ	양 미터	46
免税店 miǎnshuìdiàn	명 면세점	88
目前 mùqián	명 현재	165

N

拿不动 ná bu dòng	(무거워서) 들 수 없다	48
那么 nàme	접 그러면	25
南方 nánfāng	명 남방	175
能 néng	조동 ~할 수 있다	45
能干 nénggàn	형 유능하다	158
能力 nénglì	명 능력	25
年糕 niángāo	명 설떡	175
年糕汤 niángāotāng	명 떡국	175
年轻 niánqīng	형 젊다, 어리다	78
努力 nǔlì	통 노력하다	115
暖 nuǎn	형 따뜻하다	158
女朋友 nǚpéngyou	명 여자 친구(애인)	65

O

哦 ò	감탄	애, 오!	55

P

佩服 pèifú	동	탄복하다, 감탄하다	135
脾气 píqi	명	성격, 성질	188
便宜 piányi	형	(값이) 싸다	68
骗 piàn	동	속이다	168
漂亮 piàoliang	형	예쁘다	65
平平安安 píngpíng'ān'ān	형	평안하다	158

Q

其实 qíshí	부	사실	135
奇怪 qíguài	형	이상하다	125
旗袍 qípáo	명	치파오	188
牵 qiān	동	끌다	88
签 qiān	동	서명하다	178
强 qiáng	형	강하다, 뛰어나다	25
亲戚 qīnqi	명	친척	185
轻 qīng	형	가볍다	128
清楚 qīngchu	형	분명하다, 뚜렷하다, 이해하다	35
情况 qíngkuàng	명	상황	155
请 qǐng	동	~해 주세요	35
请假 qǐngjià	동	휴가를 신청하다	135
请假单 qǐngjiàdān		휴가 신청서	135
请稍等 qǐng shāo děng		잠시만 기다려 주세요	35
秋风 qiūfēng	명	가을 바람	128
去 qù		동작이 화자로부터 멀어지다	105
却 què	부	오히려, 반대로	155
确认 quèrèn	동	확인하다	145

R

热情 rèqíng	형	친절하다	158
人才 réncái	명	인재	25
人家 rénjiā	대	상대방; 제3자; 나(본인)	185
人手 rénshǒu	명	인력, 일손	145

S

伞 sǎn	명	우산	185
散步 sànbù	동	산책하다	88
商量 shāngliang	동	상의하다	145
赏月 shǎngyuè	동	달구경 하다, 달맞이하다	175
上市 shàngshì	동	출시하다, 상장하다	15
稍 shāo	부	약간, 조금	35
设计师 shèjìshī	명	디자이너	15
身份证 shēnfènzhèng	명	신분증	165
什么样 shénmeyàng	대	어떠한, 어떤 모양	65
升值 shēngzhí	동	(화폐의) 가치가 상승하다	155
升职 shēngzhí	동	승진하다	135
生产 shēngchǎn	동	생산하다	15
石库门 shíkùmén		스쿠먼	185
市场 shìchǎng	명	시장	145
是……的 shì……de		~한 것이다	85
是的 shì de		그렇다	25
属 shǔ	동	~에 속하다, ~띠이다	65
鼠 shǔ	명	쥐	65
摔倒 shuāidǎo	동	넘어지다	188
帅 shuài	형	멋있다, 잘생기다	65
双面 shuāngmiàn	명	양면	125
双数 shuāngshù	명	짝수	75
司机 sījī	명	운전기사	95
私企 sīqǐ	명	민영 기업	15
四合院 sìhéyuàn	명	사합원	185
送礼 sònglǐ	동	선물을 주다	185

찾아보기

| 岁 suì | 양 나이 | 65 |
| 隧道 suìdào | 명 터널 | 95 |

T

它 tā	대 그것	115
趟 tàng	양 차례, 번	98
讨论 tǎolùn	동 토론하다	115
特 tè	부 특별히	75
填 tián	동 기입하다, 채우다	135
条件 tiáojiàn	명 조건	25
贴 tiē	동 붙이다	175
听说 tīngshuō	동 듣건대, 듣자 하니(~라고 한다)	135
停 tíng	동 멈추다	155
同期 tóngqī	명 같은 시기, 동일한 시기	115
头疼 tóuténg	동 머리가 아프다 형 골치가 아프다, 성가시다	145
团队 tuánduì	명 팀, 단체	15
团团转 tuántuán zhuàn	동 이리저리 뛰다	25

W

哇 wā	감탄 왜!	135
完 wán	동 마치다, 완성하다	45
往 wǎng	전 ~쪽으로	95
维修中心 wéixiū zhōngxīn	명 AS 센터	125
喂 wéi	감탄 여보세요	35
文化 wénhuà	명 문화	75
文件 wénjiàn	명 서류, 문건, 파일	115
问题 wèntí	명 문제	145

X

希望 xīwàng	동 희망하다	115
习俗 xísú	명 풍습	175
下去 xiàqu	동 내려가다, 어떤 동작을 계속해 나가다	115
夏季 xiàjì	명 하계	145
先 xiān	부 먼저, 우선	45
先……，然后…… xiān……, ránhòu……	먼저 ~한 후에 ~하다	165
贤惠 xiánhuì	형 품성이 곱다, 현숙하다	65
销量 xiāoliàng	명 판매량	45
销量分析报告 xiāoliàng fēnxī bàogào	판매량 분석 보고서	115
小狗 xiǎogǒu	명 강아지	88
小时 xiǎoshí	명 시간	85
写 xiě	동 쓰다	45
辛苦 xīnkǔ	형 고생하다, 수고스럽다	85
新 xīn	형 새롭다 부 새로이	15
新产品 xīnchǎnpǐn	명 신제품	15
新郎 xīnláng	명 신랑	185
新娘 xīnniáng	명 신부	185
修 xiū	동 수리하다, 고치다	48, 125
需要 xūyào	동 필요하다, (시간이) 걸리다	95

Y

压岁钱 yāsuìqián	명 세뱃돈	175
眼光 yǎnguāng	명 안목, 식견	65
宴请 yànqǐng	동 주연을 베풀어 후하게 대접하다	185
样式 yàngshì	명 양식, 스타일	185
也不是 yě bú shì	꼭 그런 것은 아니다	65
一定 yídìng	부 반드시	45
一共 yígòng	부 모두, 전부	115

一面 yímiàn	명	한 면, 단면	125	钟表 zhōngbiǎo	명 시계	185
一样 yíyàng	형	같다	75	重 zhòng	형 무겁다	68
一直 yìzhí	부	계속	95	周年 zhōunián	명 주년	178
咦 yí	감탄	어!	25	周岁 zhōusuì	명 만 나이	65
已经 yǐjing	부	이미	15	主意 zhǔyi	명 생각, 아이디어	125
应聘 yìngpìn	동	지원하다	188	住院 zhùyuàn	동 입원하다	135
邮件 yóujiàn	명	이메일	45	住宅 zhùzhái	명 주택, 가옥	185
有时候 yǒu shíhou		때로는	145	注意 zhùyì	동 주의하다, 주목하다	15
又……又…… yòu……yòu……		~하면서 ~하다	65	转 zhuǎn	동 바꾸다, 전환하다	55
语言 yǔyán	명	언어	188	准备 zhǔnbèi	동 준비하다	15
原料 yuánliào	명	원자재, 원료	15	走 zǒu	동 가다, 떠나다	45
越来越 yuèláiyuè		갈수록 ~하다	145	足球队 zúqiú duì	명 축구팀	98
				坐 zuò	동 타다	85

Z

再 zài	부 다시		35
再说 zàishuō	동 다시 말하다, 다음에 다시 생각하다		155
早点 zǎodiǎn	부 좀 일찍, 일찌감치		105
增加 zēngjiā	동 증가하다, 늘리다		68, 115
张 zhāng	양 장		125
涨 zhǎng	동 (물가가) 오르다		155
涨价 zhǎngjià	동 물가가 오르다		56
账户 zhànghù	명 계정, 계좌		165
招人 zhāorén	동 사람을 모으다		200
找 zhǎo	동 찾다, 구하다		35
照顾 zhàogù	동 보살피다, 돌보다		135
这么 zhème	대 이렇게		65
着 zhe	조 상태나 방식을 나타냄		85
正在 zhèngzài	부 한창 ~하는 중이다		55
之前 zhīqián	명 ~전에, ~이전		45
知道 zhīdào	동 알다		40, 45
直接 zhíjiē	형 직접적인		165
只要……就…… zhǐyào……jiù……	~하기만 하면 ~하다		135

고유명사

釜山 Fǔshān	고유 부산	55
光化门 Guānghuàmén	고유 광화문	95
江南站 Jiāngnán Zhàn	고유 강남역	95
姜圆 Jiāng Yuán	고유 지앙위엔(인명)	15
景福宫 Jǐngfúgōng	고유 경복궁	95
刘娟 Liú Juān	고유 리우쥐엔(인명)	25
南大门 Nándàmén	고유 남대문	101
南山 Nánshān	고유 남산	95
全 Quán	고유 전(성씨)	135
上海 Shànghǎi	고유 상하이	55
胜利服装有限公司 Shènglì Fúzhuāng Yǒuxiàn Gōngsī	고유 승리어패럴	55
香港 Xiānggǎng	고유 홍콩	78
新加坡 Xīnjiāpō	고유 싱가포르	76
周 Zhōu	고유 주(성씨)	15

맛있는 중국어 기본서 시리즈

독해의 달인이 되는 필독 기본서
재미와 감동, 문화까지 맛있게 독해하자

엄영권 지음 | ❶ 228쪽 · ❷ 224쪽
각 권 값 14,500원(MP3 파일 무료 다운로드)

작문의 달인이 되는 필독 기본서
어법과 문장구조, 어감까지 익혀 거침없이 작문하자

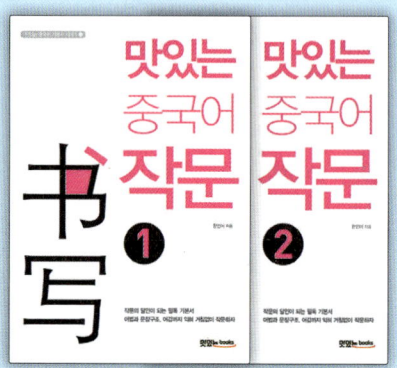

한민이 지음 | 각 권 204쪽 | 각 권 값 13,500원

중국어의 달인이 되는 필독 기본서

어법의 달인이 되는 필독 기본서
중국어 어법 A to Z 빠짐없이 잡는다

한민이 지음 | 280쪽 | 값 15,000원
(본책+워크북+발음 MP3 파일 무료 다운로드)

듣기의 달인이 되는 필독 기본서
듣기 집중 훈련으로 막힌 귀와 입을 뚫는다

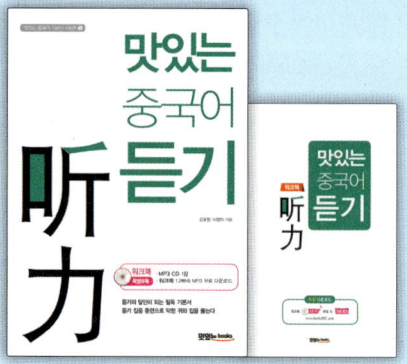

김효정·이정아 지음 | 232쪽 | 값 15,000원
(본책+워크북+MP3 CD 1장 포함)

맛있는 중국어 HSK 시리즈

THE 맛있게
THE 쉽게 즐기세요!

박수진 저 | 19,500원

기본서, 해설집, 모의고사 All In One 구성

한눈에 보이는 공략	간략하고 명쾌한	실전에 강한	

기본서	해설집	모의고사	필수단어 300

1~2급

박수진 저 | 22,500원

왕수인 저 | 23,500원

장영미 저 | 24,500원

JRC 중국어연구소 저 | 25,500원

www.cyberJRC.com

맛있는인강
THE 강력해진 **FULL PACK** 시리즈로 돌아왔다!

중국어 全 강좌 무한 반복 수강!

맛있는 무.한.수.강 *FULL PACK*

全 강좌
무한 수강

BEST
교재 증정

전화중국어
이용권 증정

전문 강사의
학습 피드백

맛있는 중국어 全 단계 무한 반복 수강!

맛있는 중국어 회화 *FULL PACK*

학습자료
PDF 증정

3·6·12개월
선택 가능

1~3단계 리뉴얼된
강의 제공

전문 강사의
학습 피드백

HSK 全 급수 무한 반복 수강!

HSK 全 급수 *FULL PACK*

학습자료
PDF 증정

3·6·12개월
선택 가능

온라인
모의고사 제공

전문 강사의
학습 피드백

맛있는중국어와
카카오톡 플러스친구 맺으면
1만원 할인권 증정!

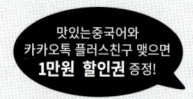

친구 등록하고 실시간 상담 받기

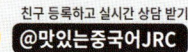